出口　汪　著　Hiroshi Deguchi

頭がよくなる！ 大人の論理力ドリル

Forest 2545 Shinsyo

さあ、これから論理力トレーニングの冒険に出ましょう！
文豪の論理的な文章構成の妙をナゾ解きながら、
頭を論理的に使う能力を「論理エンジン」で鍛える冒険です。

プロローグ

†なぜ論理力が頭を鍛えるのか?

世の中には頭がいい人がいるけれど、それは生まれつきのものだと、思っていませんか?

「頭がいい」は、生まれつきではありません。

「頭がいい」とは、高度な論理力を持った人のことをいいます。そして、論理力は簡単な言語処理能力トレーニングによって、誰でも飛躍的に高めることができるのです。

もちろん、生まれながらの言語処理能力には個人差があり、しかも、その言葉を使う環境も一人ひとり違います。

でも、言語処理能力は訓練によって飛躍的に高めることが可能なのです。

そのために生み出された、まったく新しいシステムの教材が「論理エンジン」です。私たちは言葉を使ってものを考えます。言葉を使わずにものを考えることも、感じることもできません。

そして、その言葉は日本語なのです。

私たちはあらゆるものをいったん言語に置き換え、認識し、整理します。もちろん、脳がそういった働きをつかさどっているのです。

規則にしたがって、言葉を速く正確に使えれば、「論理力」となります。言葉の微妙な使い方が巧みになれば、豊かな「感受性」となります。

そうした言語処理能力は、先天的なものではなく、実は後天的な比重が大きいのです。

なぜなら、私たちは毎日毎日、それも生涯にわたって言葉を使い続けるのですから。

それならば、その言語処理能力を高めることが、あなたの脳力をアップさせることは間違いありません。

†全国で成果を出している論理エンジンとは？

論理エンジンとは、誰でも高度な論理力を獲得し、感性を磨くための言語プログラム・教材で、現在私立の高校を中心に250校以上が正式採用し、めざましい成果を上げています。

日本語の規則に基づいて、一つひとつ問題を解いていくうちに、自ずと論理力を強化し、感性を磨き上げることができるのです。

本書は、その論理エンジンの考え方に基づいています。

真剣に取り組めば、確実に成果が得られると実証済みのトレーニングを、今回はビジネスマン向けに新たにつくりました。

本書を読み終わったとき、あなたの論理力や感性は見違えるほど違ってきます。

あなたは、困難な人生の荒波を乗り越えるための最強の武器を手にしたことになるのです。

†能力を最大限に発揮させる道具とは？

私たちは普段から日本語を使っています。でも、どれだけ言葉を意識して使いこなしているかというと、たいていの人はあやしいものですね。

今日一日の言葉の使い方を振り返ってみてください。

「ムカツク」「ビミョウ」「ウザイ」など、感情語ばかりを使う、言葉を何となくあいまいに使って、雰囲気だけでコミュニケーションを図る……。

そういった言語生活の中で、しだいに頭の歯車がさびつき、スムーズに回転しなくなっているのです。

車でも時折メンテナンスが必要なように、言語訓練をすることで、頭の回転をスムーズにすることが、あなたの頭のためには非常に有効なのです。

さらに、普段使っていない頭の使い方の訓練をすると、あなたの頭脳の潜在的な能力がどんどん引き出されていきます。

論理力が身につくと、次のような能力がどんどん開花していきます。

①文章を論理的に読み、理解、整理することが楽になり、速読にも威力を発揮。
②人の話のすじみちを、瞬時に理解できるようになり、のみこみが速くなる。
③読み取ったことを論理的に考えることによって、思考能力が身につく。
④自分の考えをすじみち立てて話したり、論理的な文章を書けるようになる。

もちろん、英語も数学も論理と無関係ということはあり得ません。あなたはあらゆる場面で、論理力を発揮するようになるのです。

これが俗にいう「頭がよくなる」ということなのです。

†簡単トレーニングで論理力が鍛えられる

私たちは日本語の規則など考えずに、自然に言葉を使っています。言葉の論理的な使い方は、習熟しなければ何の意味もありません。論理的に頭を使おうとしている限りは、その人は論理力が習熟していないと考えるべきなのです。

意識しなくても、人の話のすじみちが理解でき、すじみちを立てて考え、すじみちを立てて説明したり、文章を書いたりする力、それが論理力で、論理エンジンはそうした力を無理なく養成するためのシステムです。

そのために、さまざまな工夫がしてあります。それと同時に、誰もが習熟するために必要なだけの膨大な問題量を用意してあるのです。

論理エンジンは、「理解した」ではなく、いかに「習熟したか」が大切なのです。

だから、トレーニングをする必要があるのです。

論理力をつけるためにビジネススクールへ行くお金と時間の余裕のあるビジネスマ

ンは、多くはないはずです。

そういう方たちのために、手軽に、しかも楽しみながら論理力を鍛えるために本書を書きました。

しかも、論理力だけでなく、文学作品に触れることで、文学のおもしろさを発見し、感性まで磨くことができます。

それがこの「論理力ドリル」です。

†なぜ名作は論理的なのか？

昔から、文章がうまくなるためには、名作を写しとったものです。

名文を鉛筆でなぞることも有効な方法の一つです。名作の一字一句を大切にすることとは頭の訓練にも効果的なのです。

本書は、さらに一歩、二歩進んでいきます。

よく練った設問を解くことにより、名作、名文をもっと深く読みとることができる贅沢《ぜいたく》な脳のトレーニングです。

ところで文学作品とは、実に感覚的なものだと、思い込んではいませんか?

もちろん、筆者の独自の世界観や鋭い感性が、そこにはあるのですが、それを不特定多数の読者に伝えようとするとき、いきおい文章は論理的にならざるを得ないのです。

そうした論理性が欠けたとき、その作品は独りよがりのものとなってしまいます。

たとえば、比喩《ひゆ》がそうです。

比喩は、筆者の鋭い感覚に裏打ちされたものですが、その機能自体は論理なのです。

筆者が表現したいことは、たいていは人の心の奥底にある言葉にはならない「何か」です。

そうした「何か」をつかみだし、不特定多数の読者に伝えようとするとき、筆者はそれを別のものに置き換えます。

それが比喩です。

そして、そこには「イコールの関係」が成立するのです。

古池や　蛙《かわず》飛び込む　水の音

芭蕉《ばしょう》の有名な句ですが、「蛙」「水の音」は、芭蕉の胸中奥深くにある言葉にならない「何か」なのです。

その抽象的な「何か」を具体的な「蛙」「水の音」という言葉でいい表しています。

つまり、

「芭蕉の胸中奥深くにある言葉にならない何か」

＝

「蛙」「水の音」

という論理的関係が成り立っています。

このドリルでは、珠玉の名作を一つ一つ扱っていきます。

評論をはじめとする論理的な文章を解明していくことは簡単ですが、今回はあえて文学作品を材料に問題をつくりました。

まずは、情緒的な文学作品の中にも論理が確かに存在することに気づいてもらうためです。

言葉の使い方を習熟するためには、やはり最高の文章と真っ直ぐに向き合わなければなりません。

そして、トレーニングはおもしろくなければ長続きしません。

扱う文学作品は、芥川《あくたがわ》龍之介《りゅうのすけ》の『蜜柑《みかん》』、葉山嘉樹《はやまよしき》の『セメント樽《だる》の中の手紙』、太宰治《だざいおさむ》の『魚服記《ぎょふくき》』、夏目漱石《なつめそうせき》の『夢十夜《ゆめじゅうや》』です。

今までこういった作品を読んでも、どこが素晴らしいのか分からなかった人も、本書によって文学の正確な読み方が分かり、そのおもしろさを十分に味わうことができるようになります。

論理とは、日本語の規則にしたがった使い方で、その使い方には大きく分けて二つあります。

> ①一つの文の規則をつかみ、文と文との論理的関係を把握する。
> ②まとまった文章の論理性を把握する。

本書は「入門編」として、①の問題を中心に構成しました。

②に関しては、もっと難解な文学作品や評論問題などを使ってトレーニングする必要があります。

では、あなたの論理力や感性を飛躍的に高めるトレーニングを、じっくりと楽しんでください。

◆本書の使い方

本書では、問題を解くだけで論理力がつくように構成されています。ですから、第一問から、そのまま素直に問題を解いていってください。

なお、一見文法的な説明がしばしば登場しますが、ここで扱っているのはあくまで論理であって、受験に必要な文法的知識ではありません。

日本語の論理に習熟するには、日本語の規則をしっかりと理解しましょうということなのです。

たとえば、「主語を抜き出しなさい」という問題がありますが、単語・文節・語句のどれで抜き出すのかなどは、ここではあまり重要ではありません。

それは文法的な問題で、あなたの頭の論理的なトレーニングにとっては不要です。

そういった意味では、あまり肩肘《かたひじ》を張らずに、気楽に楽しむことを大切にしてください。

全部で48の場面があり、

①問題文
⬇
②Question
⬇
③Answer & 解説

の順番になっています。

基本的には親しみやすくて奥深い作品を選びました。まずは、簡単なものからトレーニングを始めましょう。

でも、文章が簡単で読みやすいからといって、その作品を正確に、深く読めたかといったら、そうとは限りません。

ゆめゆめ油断しないでくださいね。

もくじ　頭がよくなる！　大人の論理力ドリル

プロローグ

第一部

日常の中で論理力を磨く

＊論理エンジンの6つのルール

* SCENE 1_12

* SCENE 13_21

装幀・イラスト　河村 誠
本文デザイン・DTP　フォレスト出版編集部

第一部

日常の中で
論理力を磨く

＊論理エンジンの６つのルール

†主語と述語で要点をつかむ　＊論理エンジンのルール1

文章を論理的に読むためには、要点をつかまえることを意識しましょう。

論理的な文章で、羅列型のものはあり得ません。たいていは、筆者の主張は一つ、後はその論証部分です。

一文も同じことで、要点となる言葉と飾りの部分から成り立っているのです。

一文の要点は、主語と述語。そして、目的語。

特に述語から、主語をつかまえることがコツです。

主語・述語・目的語さえつかまえてしまえば、たとえどんな複雑な文章でも、簡単に読めます。後は、飾りが付いているだけですから。

花が咲いた。

これは、「主語―述語」だけで成り立っている文章です。

秋も深まり空気が透き通るような中で、毒々しい女の唇のような深紅の花が、大きな花弁を押し広げて、音もなくそっと咲いた。

実は、これも基本的には「花が咲いた」と同じ文で、ただ飾りがいっぱい付いただけです。

これから文学的な文章を使ってトレーニングをしていきますが、文章を論理的に読む基本は、「主語―述語」をおさえることだと考えてください。

✝言葉のつながりを見る　＊論理エンジンのルール2

言葉は必ず他の言葉とつながります。

「はい」「やあ」など、感動や応答・呼びかけを表す独立した言葉を感動詞といいますが、逆にいうと、感動詞以外は必ず他の言葉とつながっているのです。

言葉は他の言葉とつながって、初めて意味を表します。そして、その言葉と言葉のつながりにも、ルールがあるのです。

①文法的なつながり

例「まったく⬇だめだ」　副詞⬇用言（述語となる言葉）

「大きな⬇家」　連体詞⬇名詞

②意味的なつながり

例「花が⬇咲く」　主語⬇述語

「目の前に⬇広がった」　修飾語⬇被修飾語

主語と述語も、広い意味では「言葉のつながり」ですね。

これを意識することによって、微妙なニュアンスも、正確に読み取ることができるのです。

このように、一つの文でも、主語と述語があり、そして目的語があって、それにさまざまな飾りが付いています。

言葉と言葉は無関係にあるのではなく、必ずそこには規則があります。

日本語は、実に論理的にできているのです。

文と文のつながりを見る

＊論理エンジンのルール3

一文は論理的にできていることが分かりましたね。

さらに、文と文、語句との関係も論理的にできているのです。

そうした「文と文のつながり」、その論理的な関係を示した言葉に、接続語があります。接続語に着目して読むのが論理的な読解の第一歩なのです。

一生懸命勉強した。

この文を読むと、当然「成績が上がるだろう」と、その先を予測します。その予測通りだと、順接の接続語を使うことになります。

一生懸命勉強した。だから、成績が上がった。

ところが、そうした予測を裏切る結果となったとき、逆接の接続語を使うのです。

一生懸命勉強した。だが、成績が上がらなかった。

このように、接続語があるということは、私たちは絶えず先を予測して言葉を使っているということを示しています。

それは同時に、日本語が論理的に使われているということなのです。

本書は、論理力トレーニングの入門編として位置づけているので、「論理エンジンのルール[1]〜[3]」の解説が中心になります。

これらを自在に使いこなせるだけでも、あなたの読解力は飛躍的に高まり、試験以外のさまざまな分野でも威力を発揮するでしょう。

言葉の使い方が変われば、あなたの頭の使い方も変わるのです。

†イコールの関係を見る　＊論理エンジンのルール[4]

論理には、物事を関係づける役割があります。

数学でも「＝」や、「＜」といった記号が登場しますが、これらも「イコール」や「大小」など、記号をはさんで「左にあるもの」と「右にあるもの」との関係を示します。

一つの文に論理的な関係があり、文と文との間にも論理があります。そうやってできあがったまとまった文章にも、当然論理があるのです。

まとまった文章には、筆者の主張があります。

それを不特定多数の読者に理解してもらうために、筆者はすじみちを立てるのです。

そのすじみちの立て方＝論理は、大きく分けて三つあります。

その一つが、「イコールの関係」です。

たとえば、筆者がAということを主張しようとします。

それを分かってもらうために、具体例をあげることがあります。

その例は、もちろんAを裏付けるためのものですから、筆者の主張（A）と、具体例（A'）との間には、「イコールの関係」が成り立つのです。

筆者が自分の体験をあげる場合も同じです。

分かりやすいように、身近な例を引っ張るのですから、ここでも「イコールの関係」を意識していかなければなりません。

引用も同じです。

自分の主張とまったく無関係な話を持ってきたり、誰かの文章を引用したりすることはありません。そこには必ず論理があるのです。

筆者の主張（A）
＝
具体例・体験・引用など（A'）

✝対立関係を見る　＊論理エンジンのルール5

筆者は自分の主張を読者に理解してもらうために、自分と反対のものであるBを持ち出すことがあります。

たとえば、日本について論じたいから西洋と比べたり、現代について分かってもらいたくて過去と比べたりします。

あるいは、反対意見Bを持ち出して、それをひっくり返します。そのようにして、自分の意見Aの正しさを説明できるのです。

こういったものを、対立関係といいます。

論理的な文章のほとんどが、実はこの「イコールの関係」と、「対立関係」から成り立っているのです。

そして、要点となるもの、つまり筆者の主張はたった一つです。

そう考えると、どれほど難解で長い文章でも、決して難しくはありません。

言葉の数だけ意味があり、私たちはその多くの意味をすべて読み取ることはできません。

長い文章や難解な文章を、どれも同じように読み取ろうとするから、頭の中がごちゃごちゃするのです。

その中の要点となる箇所をしっかりつかまえたら、後はすべて飾りの部分です。あるいは、筆者の主張と、その論理的関係だけを理解すればいいのです。

そうしたとき、あなたの頭の中はすっきりとし、しだいに明晰《めいせき》になっていきます。

「論理エンジンのルール4」「論理エンジンのルール5」は、今回の文学作品にはあまり多くは見られません。ただ、会話の中ではしばしば登場します。

当然、登場人物の話す内容の中にも、論理があるのですから。

†因果関係を見る　＊論理エンジンのルール⑥

論理的な文章では、筆者の主張Aと、その次の主張Bとの間には、「因果関係」が見られます。

Aを論証したうえで、それを前提に「だからBである」と論理を展開します。

「だから」で結ばれた関係が、「因果関係」なのです。

A　彼は業績を上げた。

⬅（だから）

B　今回の人事異動で出世した。

これが因果関係で、その場合Aが、Bの理由となります。

小説など、物語性のあるものでは、因果関係が多く出てきます。私たちは必ず「なぜだろう」と疑問を頭に置いて読んでいかなければなりません。

以上、どれほど難しい文章でも、ここで紹介したたった6つのルールを使いこなすことで、楽に読みこなすことができるようになります。

その結果、あなたの頭はすっきりし、論理脳がしだいに育成されていくのです。

第二部

『蜜 柑』
芥川龍之介

＊ SCENE 1_12

†『蜜柑』を読む前に知っておこう

芥川龍之介は、明治25（1892）年に生まれ、昭和2（1927）年に服毒自殺をします。

まさに大正の時代が終わるとともに、彼の人生も終焉《しゅうえん》を迎えるのですが、『蜜柑』は大正8（1919）年、彼がまだ27歳のときに発表されたものです。

芥川の作品としては初期のほうですが、この短い作品の中にも彼の長所と欠点が見事に凝縮されているようです。

芥川は当時すべてをのみつくすような勢いであった自然主義文学の流れに対抗して、現実をあるがままに表現するのではなく、理知によってそれを再構成しようとしたのです。

明確なテーマ、見事な構成、完璧《かんぺき》な文体、そして、山があり、しっかりと落としどころをつくる。

そのうえ多少の余韻を持たせるなど、この『蜜柑』もまさに人工的に磨きあげられた見事な作品といえるでしょう。

そこに、この時期の芥川文学のすごみと、そして、後の行き詰まりを予感させる何かが、私には感じられるのです。

たとえていえば、イミテーションのダイヤモンドのような、そのような完璧な美しさを、私はどうしてもこの作品に感じてしまうのです。それも含めて、『蜜柑』は芥川らしい作品といえるでしょう。

やがて、芥川は自分の最も武器とする「あらすじ」を放棄し、『歯車』（1927年）、『或阿呆《あるあほう》の一生』（1927年）のような「筋のない小説」を書き始めます。

そして、大正時代が終わるとともに、「ただぼんやりとした不安」のために、自殺していったのです。

SCENE: 1

ある曇った冬の日暮れである。私《わたくし》は横須賀発上り二等客車の隅《すみ》に腰を下ろして、ぼんやり発車の笛を待っていた。とうに電燈のついた客車の中には、珍らしく私のほかに一人も乗客はいなかった。外を覗《のぞ》くと、うす暗いプラットフォオムにも、今日は珍しく見送りの人影さえ跡を絶って、ただ、檻《おり》に入れられた小犬が一匹、時々悲しそうに、吠《ほ》え立てていた。これらはその時の私の心もちと、不思議なくらい似つかわしい景色だった。私の頭の中には云いようのない疲労と倦怠《けんたい》とが、（　　）雪曇りの空のようなどんよりした影を落としていた。私は外套《がいとう》のポケットへじっと両手をつっこんだまま、そこにはいっている夕刊を出して見ようと云う元気さえ起こらなかった。

問1>>>「とうに」「ただ」が修飾している箇所を抜き出しなさい。

・とうに ⬇ □

・ただ ⬇ □

問2>>>「私の心もち」に該当する箇所を抜き出しなさい。

□

問3>>>（　　　）に入る言葉をひらがな三字で答えなさい。

□□□

答1≫≫≫ とうに⬇ついた　ただ⬇吠《ほ》え立てていた

ともに用言（述語になる言葉）を修飾する副詞なので、用言に着目します。

答2≫≫≫ 云いようのない疲労と倦怠《けんたい》

心情を表す言葉をチェックしながら読んでいきましょう。「私の心もち」は、次に「云いようのない疲労と倦怠《けんたい》」と表現されています。注意してほしいのは、〈私〉が憂《ゆう》鬱《うつ》である原因はどこにもありません。〈私〉にとって、人生そのものが憂鬱なのです。だからこそ、それは救いようのないものなのです。

答3≫≫≫ まるで

呼応関係に注意。「まるで〜ような」が、副詞の呼応です。

ここでは、言葉がいかに他の言葉と有機的に関係をもっているかを確認します。まずは、「何となく」という読み方からの脱却です。ここでは、〈私〉の深い憂鬱を読みとりましょう。

SCENE: 2

が、やがて発車の笛が鳴った。私はかすかな心のくつろぎを感じながら、後ろの窓《まど》枠《わく》へ頭をもたせて、眼の前の停車場がずるずると後ずさりを始めるのを待つともなく待ちかまえていた。ところがそれよりも先にけたたましい日和下駄《ひよりげた》の音が、改札口の方から聞こえ出したと思うと、間もなく車掌の何か云いののしる声と共に、私の乗っている二等室の戸ががらりと開いて、十三四の小娘が一人、あわただしく中へはいって来た、と同時に一つずしりと揺れて、おもむろに汽車は動き出した。一本ずつ眼をくぎって行くプラットフォオムの柱、置き忘れたような運水車、それから車内の誰かに祝儀の礼を云っている赤帽――そう云うすべては、窓へ吹きつける煤煙《ばいえん》の中に、未練がましく後ろへ倒れて行った。

問1>>>「かすかな心のくつろぎ」を感じたのは、どうしてですか？

問2>>>傍線を引いた以下の文を、句読点も含めて一〇字以内でまとめなさい。

それよりも先にけたたましい日和下駄《ひよりげた》の音が、改札口の方から聞こえ出したと思うと、間もなく車掌の何か云いののしる声と共に、私の乗っている二等室の戸ががらりと開いて、十三四の小娘が一人、あわただしく中へはいって来た

答1>>> 発車の笛が鳴り、汽車がようやく動き始めるから。

傍線の直後をつかまえます。「眼の前の停車場がずるずると後ずさりを始めるのを待つともなく待ちかまえていた。」とあるように、〈私〉は汽車の出発を待ちかねていたのです。

答2>>> 小娘がはいって来た。

一文の要点は「主語—述語」なので、それをまとめたのが答えとなります。この問題からも、芥川の文章がいかに飾りが多く、複雑な構造をしているかが分かります。でも、たとえどんなに複雑な文章であっても、要点を取り出せば決して難しくありません。ルール1ですね。

この文の冒頭に、逆接の「ところが」が使われています。〈私〉は「かすかな心のくつろぎ」を感じるのですが、それに対し「ところが」を使うことで、〈私〉の小娘に対する不快な感情がすでにこの時点で示されているのです。物語の展開が予想されますね。

SCENE: 3

私はようやくほっとした心もちになって、巻煙草《まきたばこ》に火をつけながら、はじめてものういまぶたをあげて、前の席に腰を下ろしていた小娘の顔を一瞥《いちべつ》した。それは油気のない髪をひっつめの銀杏返《いちょうがえ》しに結って、横なでの痕《あと》のあるひびだらけの両頬《ほお》を気持ちの悪いほど赤くほてらせた、いかにも田舎者らしい娘だった。（　）垢《あか》じみた萌黄色《もえぎいろ》の毛糸の襟巻《えりまき》がだらりと垂れ下がった膝《ひざ》の上には、大きな風呂敷包みがあった。そのまた包みを抱いた霜焼けの手の中には、三等の赤切符が大事そうにしっかり握られていた。

問1＞＞＞「それは」「ほてらせた」はそれぞれどの言葉を修飾していますか？

・それは　↓　[　　]

・ほてらせた　↓　[　　]

問2＞＞＞（　　）に入る言葉を次の選択肢から選びなさい。

すると　しかも　だから　けれども

答1>>>それは⬇娘だった　ほてらせた⬇娘

「それは」は主語なので、述語をさがします。

「ほてらせた」の後に「、」があるのは、この言葉がすぐ下の言葉を修飾するのではないということを示しています。ルール2の問題です。

答2>>>しかも

「小娘の顔を一瞥《いちべつ》した」以下の文は、〈私〉の眼に映った小娘の描写で、ここでも〈私〉の小娘に対する心情が投影されていますね。

接続語の問題。選択肢にある接続語の使い方は次の通り。

「しかも」は、添加。付け加えるときに使います。〈私〉がこの小娘に対して、腹立たしい理由をいくつもあげているので、これが答え。

「すると」は、順接。前の文を受けて、次に起こることが述べられています。

「だから」は、因果で、その前が根拠。

「けれども」は、逆接。ルール3の問題です。

SCENE: 4

私はこの小娘の下品な顔だちを好まなかった。それから彼女の服装が不潔なのもやはり不快だった。

最後にその二等と三等との区別さえもわきまえない愚鈍な心が腹立たしかった。（　1　）巻煙草に火をつけた私は、一つにはこの小娘の存在を忘れたいと云う心もちもあって、今度はポケットの夕刊を漫然と膝の上へひろげて見た。（　2　）その時夕刊の紙面に落ちていた外光が、突然電燈の光に変わって、刷《すり》の悪い何欄かの活字が意外なくらい鮮やかに私の眼の前へ浮かんで来た。云うまでもなく汽車は今、横須賀線に多い隧道《トンネル》の最初のそれへはいったのである。

問1>>>（1）（2）に入る言葉を次の選択肢から選びなさい。

（1）

（2）

すると　しかも　だから　けれども

問2>>>「刷《すり》の悪い何欄かの活字が意外なくらい鮮やかに私の眼の前へ浮かんで来た」とありますが、その理由を簡潔に答えなさい。

問3>>>小娘を見たときの〈私〉の心情を表した語句を、三カ所抜き出しなさい。

答1 ≫ （1）だから　（2）すると

ルール3の接続語の問題。

（1）〈私〉がこの小娘の存在を忘れたいと思った理由が空所の前にあるので、因果。

（2）夕刊を膝の上に広げたら、次に電燈の光で活字が目の前に飛び込んできたのだから、順接。今、〈私〉がいるのは二等室なのに、小娘は三等室の切符を握りしめています。おそらく汽車に乗るのも初めてなのです。

答2 ≫ 汽車が隧道《トンネル》に入ったため、車内の電燈がついたから。

隧道《トンネル》に入った瞬間、室内が暗くなるので、突然電燈がついたのです。

答3 ≫ 好まなかった　不快だった　腹立たしかった

〈私〉は目の前にいる小娘を忘れようとして、夕刊に目を落とします。そのとき、汽車が隧道《トンネル》に入り、車内燈が夕刊の記事をあざやかに浮き上がらせるのです。

SCENE:5

しかしその電燈の光に照らされた夕刊の紙面を見渡しても、やはり私の憂鬱《ゆううつ》を慰むべく、世間は余りに平凡な出来事ばかりで持ち切っていた。講和問題、新婦新郎、瀆職《とくしょく》事件、死亡広告――私は隧道《トンネル》へはいった一瞬間、汽車の走っている方向が逆になったような錯覚を感じながら、それらの索漠《さくばく》とした記事から記事へほとんど機械的に眼を通した。（　　　）、その間ももちろんあの小娘が、あたかも卑俗な現実を人間にしたような面持《おもも》ちで、私の前に座っている事を絶えず意識せずにはいられなかった。

　この隧道《トンネル》の中の汽車と、この田舎者の小娘と、そうしてまたこの平凡な記事にうずまっている夕刊と、――これが象徴でなくて何であろう。不可解な、下等な、退屈な人生の象徴でなくて何であろう。私は一切がくだらなくなって、読みかけた夕刊をほうり出すと、また窓枠に頭をもたせながら、死んだように眼をつぶって、うつらうつらし始めた。

問1>>>「照らされた」「やはり」「世間は」が修飾している語句を、それぞれ抜き出しなさい。

・照らされた ➡
・やはり ➡
・世間は ➡

問2>>>（　）に、接続の語をひらがな一字で答えなさい。

問3>>>〈私〉は人生をどのようなものだと思っているのか、文中の語句を使って一五字以内で答えなさい。

答1＞＞＞照らされた⬇紙面　やはり⬇持ち切っていた　世間は⬇持ち切っていた
「照らされた」は連体形だから、名詞を修飾。
「やはり」は副詞だから、用言を修飾。
「世間は―持ち切っていた」は、「主語―述語」の関係。

答2＞＞＞が
逆接の接続語を考えます。ここで文の流れが逆転するのですが、こうした短い文章の中にも論理があります。それは作者が論理的に言葉を使っているからです。

答3＞＞＞不可解な、下等な、退屈なもの
「不可解な、下等な、退屈な人生の象徴でなくて何であろう」とあります。〈私〉にとって、周りの現実すべてがくだらないものに思えているのです。
卑俗な現実そのものである小娘、その存在を忘れようとして目を落とした夕刊の記事、まさに〈私〉にとってこの現実世界そのものが耐え切れないものなのです。

SCENE: 6

それから幾分か過ぎた後であった。ふと何かにおびやかされたような心もちがして、思わずあたりを見まわすと、いつの間にか例の小娘が、向う側から席を私の隣へ移して、しきりに窓を開けようとしている。が、重い硝子《ガラス》戸は中々思うようにあがらないらしい。あのひびだらけの頬はいよいよ赤くなって、時々鼻洟《はな》をすすりこむ音が、小さな息の切れる声といっしょに、せわしなく耳へはいって来る。

問1>>>「何か」の具体的内容を、簡潔に説明しなさい。

問2>>>「耳へはいって来る」ものを、答えなさい。

答1>>>小娘が席を移動し、汽車の窓を開けようとしている気配。

〈私〉は寝入ってしまったのですが、ふと気配を感じて目を覚まします。その気配の具体的内容を説明すればいいのです。

答2>>>鼻洟《はな》をすすりこむ音と小さな息の切れる声

一文の構造をつかまえたかどうか。直前の「いっしょ」をおさえます。そこで、二つの音を聞いたことが分かります。

「鼻洟《はな》をすすりこむ音」が、「小さな息の切れる声」といっしょに、目を覚ましたばかりの〈私〉の耳に入ってきたのです。

芥川はこの作品で自分とほぼ等身大の〈私〉を登場させたのですが、その〈私〉にとってまさに人生は「不可解な、下等な、退屈な」ものに他なりません。

そして、新聞の平凡な記事と、この小娘がその象徴に思えたのです。

後に、「ただぼんやりとした不安」という言葉を遺書に書き残して自殺したということを想起させますね。

SCENE:7

これはもちろん私にも、幾分ながら同情をひくに足るものには相違なかった。（　1　）汽車が今まさに隧道《トンネル》の口へさしかかろうとしている事は、暮色の中に枯草ばかり明るい両側の山腹が、間近く窓側に迫って来たのでも、すぐに合点《がてん》の行く事であった。にも関わらずこの小娘は、わざわざしめてある窓の戸を下ろそうとする、――その理由が私には呑《の》みこめなかった。いや、それが私には、単にこの小娘の気まぐれだとしか考えられなかった。（　2　）私は腹の底に依然として険しい感情を蓄えながら、あの霜焼けの手が硝子《ガラス》戸をもたげようとして悪戦苦闘するようすを、まるでそれが永久に成功しない事でも祈るような冷酷な眼で眺めていた。

問1 >>> （1）（2）に入る言葉を、次の選択肢から選んで、それぞれ答えなさい。

（1）

（2）

だから　そうして　たとえば　しかし

問2 >>> 「永久に成功しない事でも祈るような冷酷な眼で眺めていた」とありますが、その理由を簡潔にまとめなさい。

答1>>>（1）しかし　（2）だから

（1）の直前に「同情をひく」とあるのに、（1）の後は、小娘に対する不快な感情を述べているので、逆接。

（2）の直後、「険しい感情」の理由が（2）の直前にあるので、因果。

このように、接続語の問題は論理力の訓練に最適です。

しかし……逆接	だから……因果
そうして……順接	たとえば……例示

答2>>>汽車が今にも隧道《トンネル》の口へさしかかろうとしているにもかかわらず、小娘が気まぐれで汽車の窓を開けようとしていると思ったから。

「その理由が私には呑《の》みこめなかった」とあるので、「その理由」に当たる箇所をまとめます。

SCENE: 8

すると間もなく凄まじい音をはためかせて、汽車が隧道《トンネル》へなだれこむと同時に、小娘の開けようとした硝子《ガラス》戸は、とうとうばたりと下へ落ちた。（　　）その四角な穴の中から、煤《すす》をとかしたようなどす黒い空気が、にわかに息苦しい煙になって、もうもうと車内へみなぎり出した。元来咽喉《のど》を害していた私は、手巾《ハンケチ》を顔に当てる暇さえなく、この煙を満面に浴びせられたおかげで、ほとんど息もつけないほど咳こまなければならなかった。

問1 ＞＞＞（　　　）に入る言葉を、次の選択肢から選んで囲いなさい。

つまり　　そうして　　たとえば　　しかし

問2 ＞＞＞「ほとんど息もつけないほど咳こまなければならなかった」理由を、簡単に説明しなさい。

答1 ››› そうして

硝子《ガラス》戸がばたりと落ち、次にどす黒い煙が車内にみなぎったので、順接。

答2 ››› 〈私〉が咽喉《のど》を害していたうえに、硝子《ガラス》戸から車内へどす黒い煙が入り込んだから。

近代文学を読むときは、現在の生活感覚でとらえてはいけません。大正時代は今の電車と異なり、蒸気機関車のはずです。もちろん、エアコンなどないので、暑いときは窓も開け放したのです。スピードもゆるやかなので、さわやかな風が車内に入り込みます。

問題は隧道《トンネル》で、窓を閉め忘れると、車内にもうもうと煙が入り込んでしまいます。今は冬で、しかも隧道《トンネル》にさしかかろうとしているときなので、窓をすべて閉めきっていたのです。

SCENE: 9

が、小娘は私に頓着《とんじゃく》する気色《けしき》も見えず、窓から外へ首をのばして、闇を吹く風に銀杏返しの鬢《びん》の毛をそよがせながら、じっと汽車の進む方向を見やっている。その姿を煤煙《ばいえん》と電燈の光との中に眺めた時、もう窓の外がみるみる明るくなって、そこから土の匂いや枯草の匂いや水の匂いが冷ややかに流れこんで来なかったなら、ようやく咳《せき》やんだ私は、この見知らない小娘を頭ごなしに叱りつけてでも、また元の通り窓の戸をしめさせたのに相違なかったのである。

問 >>> 文中の傍線部を、論理の順番に整理しました。□に言葉を入れて、完成しなさい。

汽車が隧道《トンネル》に入ったとき、どす黒い空気が車内に入ってきた。

⬅

小娘を□と思った。

⬅

ところが、汽車は隧道《トンネル》を抜け出て、□。

⬅

窓から土の匂いや枯草の匂いや水の匂いが冷ややかに流れこんで来た。

⬅

私は頭ごなしに□のをやめた。

答 >>> 汽車が隧道《トンネル》に入ったとき、どす黒い空気が車内に入ってきた。

⬅ 小娘を 頭ごなしに叱りつけよう と思った。

⬅ ところが、汽車は隧道《トンネル》を抜け出て、 窓の外がみるみる明くなってきた 。

⬅ 窓から土の匂いや枯草の匂いや水の匂いが冷ややかに流れこんで来た。

⬅ 私は頭ごなしに 小娘を叱りつける のをやめた。

論理の順番で組み立て直す練習です。もし隧道《トンネル》がもう少し長かったり、汽車のスピードがもっとゆっくりだったら、〈私〉は娘をどなりつけて窓を閉めさせただろうから、ラストの名場面は成立しなかったわけです。

SCENE: 10

しかし汽車はその時分には、もうやすやすと隧道《トンネル》をすべりぬけて、枯草の山と山との間に挟まれた、ある貧しい町はずれの踏切に通りかかっていた。踏切りの近くには、いずれも見すぼらしい藁屋根《わら》や瓦屋根《かわら》がごみごみと狭苦しく建てこんで、踏切り番が振るのであろう、ただ一旒《いちりゅう》のうす白い旗がものうげに暮色をゆすっていた。やっと隧道《トンネル》を出たと思う――その時その蕭索《しょうさく》とした踏切りの柵《さく》の向こうに、私は頬の赤い三人の男の子が、目白押しに並んで立っているのを見た。彼等は皆、この曇天に押しすくめられたかと思うほど、そろって背が低かった。そうしてまたこの町はずれの陰惨たる風物と同じような色の着物を着ていた。

問 >>> 小説の風景描写は視点となる人物の目を通して描かれるものです。したがって、その描写には、視点人物の心情がそのまま投影されています。この場合は、〈私〉の視点で汽車の窓から見える景色が描写されています。〈私〉の憂鬱な気持ちが表れている描写を、四カ所抜き出しなさい。

答 >>> ものうげに暮色をゆすっていた
蕭索《しょうさく》とした踏切り
曇天に押しすくめられた
陰惨たる風物

同じ風景を見ても、その人によって、あるいはそのときの気分によって、まったく違った印象を持つものです。

田舎のひなびた景色を見て、貧しくて悲惨だと思う人もいれば、風情があると思う人もいるわけです。だから、風景描写には、その視点人物の心情が投影されているのです。

一方、貧しい町はずれ・みすぼらしい藁屋根・ごみごみと狭苦しく・目白押しに並んで立っているなど、これらは実際の景色を描写したものだから、答えになりません。

SCENE: 11

それが汽車の通るのを仰ぎ見ながら、いっせいに手を挙げるが早いか、いたいけな喉《のど》を高く反《そ》らせて、何とも意味の分らない喊声《かんせい》を一生懸命にほとばしらせた。するとその瞬間である。窓から半身を乗り出していた例の娘が、あの霜焼けの手をつとのばして、勢いよく左右に振ったと思うと、たちまち心を躍らすばかり暖かな日の色に染まっている蜜柑がおよそ五つ六つ、汽車を見送った子供たちの上へばらばらと空から降って来た。私は思わず息を呑《の》んだ。そうして刹那《せつな》に一切を了解した。小娘は、恐らくはこれから奉公先へ赴《おもむ》こうとしている小娘は、その懐《ふところ》に蔵《ぞう》していた幾顆《いくか》の蜜柑を窓から投げて、わざわざ踏切りまで見送りに来た弟たちの労に報いたのである。

問1>>>〈私〉の心情が瞬時に変わる場面があります。その心情を象徴的に表した箇所を、抜き出しなさい。

問2>>>「一切を了解した」とありますが、〈私〉が了解したことを、簡潔に説明しなさい。

答1>>>心を躍らすばかり暖かな日の色に染まっている蜜柑

暗から明へと、一瞬の心の変化を、〈私〉の目に映る見事な風景描写で表現しています。〈私〉の心の変化を、蜜柑に託したのです。

答2>>>小娘が汽車の窓を開けたのは、踏切まで見送りに来た弟たちの労に報いるためだったということ。

汽車が隧道《トンネル》に入ろうとしているにもかかわらず、小娘が窓を懸命に開けようとしていることを、〈私〉は単なる気まぐれとして険しい感情を蓄えていました。

そして、そのことはまさに卑俗な現実そのものに思えたのです。

この時代は、特に東北地方の貧しさはひどいもので、身売りなどはごく日常的なものでした。娘はたいていは吉原の遊郭か、あるいは工場などの安価な労働力として、わずかなお金と引き替えに親元を離れていったのです。

もちろん、この娘も家族の飢えをしのぐため、生まれて初めて家を離れて、知らない都会に出て行くのです。再び家に帰れる保証などありません。そのことは、娘も弟たちもうすうす感じていたはずです。

そして、自分たちのために都会に出て行く姉との最後の別れのために、三人の弟たちは隧道《トンネル》を出てすぐの踏切で、汽車が通り過ぎるのを待ちかまえていたのです。

もちろん、そのことを知っていた娘は、汽車が隧道《トンネル》に入ろうとしているにもかかわらず、必死で重たい窓を下げようとしていたのです。

貧しい娘と弟たちの最後の別れの印は、数個の蜜柑でした。

その蜜柑が落下した瞬間、〈私〉の心情は一瞬にして変わり、蜜柑は暖かな日の色に染め変わるのです。

SCENE: 12

暮色を帯びた町はずれの踏切りと、小鳥のように声をあげた三人の子供たちと、そうしてその上に乱落《らんらく》する鮮やかな蜜柑の色と――すべては汽車の窓の外に、またたく暇もなく通り過ぎた。が、私の心の上には、切ないほどはっきりと、この光景が焼きつけられた。そうしてそこから、ある得体の知れない朗らかな心もちが湧《わ》き上がって来るのを意識した。私は昂然《こうぜん》と頭を挙げて、まるで別人を見るようにあの小娘を注視した。小娘は何時かもう私の前の席に返って、相変わらずひびだらけの頬を萌黄色の毛糸の襟巻に埋めながら、大きな風呂敷包みを抱えた手に、しっかりと三等切符を握っている。…………

私はこの時はじめて、云いようのない疲労と倦怠とを、そうしてまた不可解な、下等な、退屈な人生をわずかに忘れる事が出来たのである。

問1>>>〈私〉の三人の子供たちに対する印象がすっかり変わったことを示す描写を、一一字で抜き出しなさい。

問2>>>「私はこの時はじめて、云いようのない疲労と倦怠とを、そうしてまた不可解な、下等な、退屈な人生をわずかに忘れる事が出来たのである」とありますが、そのときの心情を、一五字以内で抜き出しなさい。

答1>>> 小鳥のように声をあげた

ここでも、〈私〉の心情の変化が、描写に現れています。

> その時その蕭索《しょうさく》とした踏切りの柵《さく》の向うに、私は頬の赤い三人の男の子が、目白押しに並んで立っているのを見た。彼等は皆、この曇天に押しすくめられたかと思うほど、そろって背が低かった。そうしてまたこの町はずれの陰惨たる風物と同じような色の着物を着ていた。

このように表現されていた子供たちが、「小鳥のように声を挙げた」となっています。

答2>>> ある得体の知れない朗らかな心もち

傍線前後にある心情を表す語句をおさえるのが鉄則です。シーン5で、「これが象徴でなくて何であろう。不可解な、下等な、退屈な人生の象徴でなくて何であろう」

とある箇所と、作品のラストの一文が見事に対応しているのです。

確かにこの一瞬は、〈私〉にとって人生は決してくだらないものではなく、それどころか美しくきらめく小さな宝石のように見えたことでしょう。

だが、「私はこの時はじめて、云いようのない疲労と倦怠とを、そうしてまた不可解な、下等な、退屈な人生をわずかに忘れる事が出来たのである」とあるように、それは「わずかに忘れる事が出来た」に過ぎず、その一瞬のきらめきが過ぎ去ると、〈私〉はまたもとの退屈でくだらない人生へと戻っていくことが暗示されています。

芥川自身が自殺したことを考え合わせると、実に興味深いものといえるでしょう。

この小さな作品は、冒頭とラストが見事に照応していて、しかもクライマックスで鮮やかな逆転があり、そこには感動的なドラマがあり、そこに人生の神髄が封じ込められています。

しかも、理屈ではなく、美しい風景描写によって、それは示されているのです。

一つひとつの文を正確に読み取ることにより、初めて芥川の世界が私たちの前に開示されるわけです。

第三部

『セメント樽の中の手紙』
葉山嘉樹

＊ SCENE 13_21

†『セメント樽の中の手紙』を読む前に知っておこう

葉山嘉樹は、明治27（1894）年に福岡で生まれます。大正12（1923）年、名古屋共産党事件で検挙され、獄中にて『淫売婦』を執筆し、文壇に登場します。『海に生くる人々』がプロレタリア文学の傑作とされ、昭和19（1944）年満州の開拓村に移住した後、終戦直後の昭和20年、満州からの帰国途中の列車の中で、脳溢《いっ》血《けつ》により死亡。

その短い生涯は、戦いの連続だったといえるでしょう。

まさに時代の困難を一身に背負った作家だったといえます。

他のプロレタリア作家と比べ、その作品は単に政治一色ではなく、抒情性《じょじょうせい》に富み、文学性に富んでいました。今読んでも、十分鑑賞に堪えるものです。

SCENE: 13

松戸与三《よぞう》はセメントあけをやっていた。ほかの部分は大して目立たなかったけれど、頭の毛と、鼻の下は、セメントで灰色におおわれていた。彼は鼻の穴に指を突っ込んで、鉄筋コンクリートのように、鼻毛をしゃちこばらせている、コンクリートをとりたかったのだが一分間に十才ずつ吐き出す、コンクリートミキサーに、間に合わせるためには、とても指を鼻の穴に持って行く間はなかった。

彼は鼻の穴を気にしながらとうとう十一時間、——その間に昼飯と三時休みと二度だけ休みがあったんだが、昼の時は腹の空《す》いてるために、も一つはミキサーを掃除していて暇がなかったため、とうとう鼻にまで手が届かなかった——の間、鼻を掃除しなかった。彼の鼻は石膏《せっこう》細工の鼻のように硬化したようだった。

問1>>>松戸与三の仕事は何ですか?

問2>>>松戸与三は、今何に困っていますか?

問3>>>なぜ、それを解消できないのか、その理由を三つに分けて説明しなさい。

1.

2.

3.

答1>>> セメントあけ

答2>>> 鼻の中にコンクリートが入り込み、鼻が硬化したようになってしまったこと。

答3>>> 1. 次々とミキサーがコンクリートを吐き出すため鼻に手を持っていく暇もなかったから。
2. 昼休み時間は空腹を満たすことに懸命だったから。
3. 休み時間には、ミキサーの掃除をしなければならなかったから。

小説を読むときは、自分の生活感覚で読まないことが鉄則。まずは、この物語の舞台を正確に把握することが大切ですが、冒頭の数行だけで、この時代の労働者がいかに過酷な労働を強いられていたかが分かります。

毎日、毎日、同じ単純労働の繰り返し。ほとんど休みも与えられず、一日中くたくたになるまで働かされるにもかかわらず、最低限の生活しかできません。

将来の夢も持てず、肉体を酷使したあげく、病気や怪我《けが》をすれば解雇されるというのが、本作品が書かれた昭和初期の頃の現実だったのです。

SCENE: 14

彼がしまい時分に、ヘトヘトになった手で移した、セメントの樽から小さな木の箱が出た。

「何だろう？」と彼はちょっと不審に思ったが、そんなものに構っていられなかった。

彼はシャヴルで、セメン桝《ます》にセメントを量《はか》り込んだ。そして桝《ます》から舟へセメントを空けるとまたすぐその樽を空けにかかった。

「だが待てよ。セメント樽から箱が出るって法はねえぞ」

彼は小箱を拾って、腹かけの丼《どんぶり》の中へほうり込んだ。箱は軽かった。

「軽い処を見ると、金も入っていねえようだな」

彼は、考える間もなく次の樽を空け、次の桝《ます》を量らねばならなかった。

ミキサーは（　　　）空廻りを始めた。コンクリがすんで終業時間になった。

問1>>>傍線部「彼がしまい時分に、ヘトヘトになった手で移した、セメントの樽から小さな木の箱が出た」を、二つの文に書きかえなさい。

問2>>>「そんなもの」が指している言葉を抜き出しなさい。

問3>>>（　　）に入る接続語を、次の選択肢から選んで囲みなさい。

そして　　けれども　　だから　　やがて

答1>>> 彼がしまい時分に、ヘトヘトになった手でセメント樽を移した。すると、そこから小さな木の箱が出た。

この一文の「主語—述語」は「箱が出た」なので、これを一文とします。

次に、「彼がしまい時分に、ヘトヘトになった手で移した、セメントの」までは、すべて「樽」を飾っています。そこを「彼」を主語に書きかえましょう。

答2>>> 小さな木の箱

直前の「何だろう?」は、木の箱を見て思ったものであることから考えます。

答3>>> やがて

順接としては「そして」と「やがて」がありますが、この場合、時間の経過を表しているので「やがて」が答え。

SCENE: 15

彼は、ミキサーに引いてあるゴムホースの水で、ひとまず顔や手を洗った。そして弁当箱を首に巻きつけて、一杯飲んで食うことを専門に考えながら、彼の長屋へ帰って行った。発電所は八分通り出来上がっていた。夕暗にそびえる恵那山《えなさん》は真っ白に雪をかぶっていた。汗ばんだ体は、急に凍《こご》えるように冷たさを感じ始めた。彼の通る足《あし》下《もと》では木曽川の水が白く泡を噛《か》んで、吠《ほ》えていた。

「チェッ！　やり切れねえなあ、かかあはまた腹を膨《ふく》らかしゃがったし、……」彼はウヨウヨしている子供のことや、またこの寒さを目がけて産まれる子供のことや、滅茶苦茶に産むかかあの事を考えると、全くがっかりしてしまった。

「一円九十銭の日当の中から、日に、五十銭の米を二升食われて、九十銭で着たり、住んだり、べらぼうめ！　どうして飲めるんだい！」

問1>>>文中擬人法を使っている箇所を、一六字で抜き出しなさい。

問2>>>松戸与三にとって、今一番大切なことは何ですか?

問3>>>問2の理由のため、家族に対して愛情のない表現を使っています。その一文をセリフ以外で、抜き出しなさい。

答1>>> 水が白く噛《か》んで、吠《ほ》えていた。
擬人法とは、人間でないものを、まるで人間であるかのように表現する技巧のことで、比喩の一種です。

答2>>> 一杯飲んで食うこと。

答3>>> 彼はウヨウヨしている子供のことや、またこの寒さを目がけて産まれる子供のことや、滅茶苦茶に産むかかあの事を考えると、全くがっかりしてしまった。

毎日過酷な労働を強いられた与三にとって、生きる楽しみは貧しい食事と、一杯のお酒しかありません。
そんな彼にとって、妻や子供は自分の食い扶持《ぶち》を減らす存在としてしか、少なくともこの場面では表現されていません。

SCENE: 16

が、ふと彼は丼《どんぶり》の中にある小箱の事を思い出した。彼は箱についてるセメントを、ズボンの尻でこすった。

箱には何にも書いてなかった。その（　　）、頑丈《がんじょう》に釘づけしてあった。

「思わせぶりしやがらあ、釘づけなんぞにしやがって」

彼は石の上へ箱をぶっつけた。が、壊れなかったので、この世の中でも踏みつぶす気になって、自棄《やけ》に踏みつけた。

彼が拾った小箱の中からは、ボロに包んだ紙切れが出た。それにはこう書いてあった。

問1 >>> 「その」は、何を指しますか？

問2 >>> （　　）に入る言葉を、ひらがな二字で答えなさい。

問3 >>> 主人公はこの世の中に不満を抱いています。それが表れている箇所を抜き出しなさい。

答1>>> 箱に何も書いていなかったこと。

答2>>> くせ

問1と問2は、合わせて考えます。前後の関係から、逆接だと分かります。
要は、逆接の接続語で、「その」から始まる四字の言葉を答えればいいのです。
「そのくせ」は、「その」という指示語に、「くせ」がついた複合語です。

答3>>> この世の中でも踏みつぶす気になって、

この主人公は世の中すべてが不満で仕方がありません。だから、酒を飲んで気を紛らすしかないのでしょう。
でも、働いても働いても、なぜこれほど生活が苦しいのか、その原因はどこにあるのか、どうすればいいのか、彼には何一つ分かっていません。だから、酒を飲むしかないのです。

SCENE: 17

問 >>> 以下の文は順序を入れ替えています。もとの順番に直して番号で答えなさい。

①

骨も、肉も、魂も、粉々になりました。私の恋人の一切はセメントになってしまいました。残ったものはこの仕事着のボロばかりです。私は恋人を入れる袋を縫っています。

②

この樽の中のセメントは何に使われましたでしょうか、私はそれが知りとうございます。

③

仲間の人たちは、助け出そうとしましたけれど、水の中へ溺《おぼ》れるように、石の下へ私の恋人は沈んで行きました。そして、石と恋人の体とは砕け合って、赤い細かい石になって、ベルトの上へ落ちました。ベルトは粉砕筒《ふんさいとう》へ入って行きました。そこで鋼鉄の弾丸と一緒になって、細かく細かく、はげしい音に呪《のろい》の声を叫びながら、砕かれました。そうして焼かれて、立派にセメントとなりました。

④

――私はNセメント会社の、セメント袋を縫う女工です。私の恋人は破砕器《クラッシャー》へ石を入れることを仕事にしていました。そして十月の七日の朝、大きな石を入れる時に、その石と一緒に、クラッシャーの中へ嵌《は》まりました。

⑤

あなたは労働者ですか、あなたが労働者だったら、私をかわいそうだと思って、お返事下さい。

⑥

私の恋人はセメントになりました。私はその次の日、この手紙を書いてこの樽の中へ、そうとしまい込みました。

□
↓
□
↓
□
↓
□
↓
□
↓
□

答 >>> ④➡③➡①➡⑥➡⑤➡②

論理の順番に並べ替えます。小説でも、必ず一本のすじみちが通っているのです。
まず、手紙の筆者自身の紹介、前書き部分である④が最初です。
次に、手紙の内容から、大きく二つに分けます。
恋人がセメントになった話は①と③。手紙を書いてほしい話は②、⑤、⑥。
このように、まず大きく分けていきます。
以下、それぞれの順番を考えます。
④の末尾「クラッシャーの中へ嵌《は》まりました」が、③の冒頭「仲間の人たちは、助け出そうとしました」につながります。
末尾「立派にセメントとなりました」が、①の「私は恋人を入れる袋を縫っています」とつながるので、④➡③➡①。

後半のメッセージの部分は、⑥で手紙をこの樽に入れたこと、⑤で「あなたが労働者だったら、……お返事下さい」とし、②で私が知りたい内容を書いています。

SCENE: 18

私の恋人は幾樽のセメントになったでしょうか、（　1　）どんなにほうぼうへ使われるのでしょうか。あなたは左官屋さんですか、（　2　）建築屋さんですか。

私は私の恋人が、劇場の廊下になったり、大きな邸宅の塀《へい》になったりするのを見るに忍びません。（　3　）それをどうして私に止めることができましょう。あなたが、もし労働者だったら、このセメントを、そんな処に使わないで下さい。

問1>>>（1）～（3）に入る接続語を、次の選択肢から選んでそれぞれ答えなさい。

（1）

（2）

（3）

ですけれど　たとえば　それとも　そして

問2>>>本文では本来「!」とあるところを、「。」に変えています。該当箇所を含む一文を抜き出しなさい。

答1>>> (1)そして　(2)それとも　(3)ですけれど
(1)順接　(2)選択　(3)逆接

答2>>> それをどうして私に止めることができましょう。

「!」は、一番感情が込められた箇所に使います。

もちろん、主観で判断するのではなく、言葉の規則にしたがって、問題を解決しなければなりません。

冒頭の二行は疑問文。三行目から「私」の気持ちが表現されています。

「私は~忍びません」までが、「それ」の指示内容で、それを受け「どうして私に止めることができましょう」と、「私」の絶望感を吐露しています。

さらに、「どうして~できましょう」が、強調表現になっていることにも着目。

恋人が死んで、セメントになってしまったことへの悲しみが強く表現されている箇所です。

彼女は社会の重みにあえぎながらも、それに抵抗する何の手段も持たないのです。

SCENE: 19

いいえ、ようございます、どんな処にでも使って下さい。私の恋人は、どんな処に埋められても、その処々によってきっといい事をします。構いませんわ、あの人は気《き》象《しょう》のしっかりした人です（　　　）、きっとそれ相当な働きをしますわ。

あの人は優しい、いい人でしたわ。そしてしっかりした男らしい人でしたわ。まだ若うございました。二十六になったばかりでした。あの人はどんなに私をかわいがってくれたか知れませんでした。それだのに、私はあの人に経帷子《きょうかたびら》を着せる代わりに、セメント袋を着せているのですわ！　あの人は棺《かん》に入らないで回転窯《がま》の中へ入ってしまいましたわ。

問1＞＞＞（　　）に入る言葉を、ひらがな二字で答えなさい。

問2＞＞＞「きっと」「それだのに」は、どの言葉にかかるか、該当箇所を抜き出しなさい。

・きっと　↓

・それだのに　↓

答1>>> から（ので）

順接の接続助詞で、二字のものを考えます。

答2>>> きっと⬇しますわ　それだのに⬇いるのですわ！

「きっと」は、副詞なので用言にかかります。

「それだのに」は、逆接の接続語ですが、一種の強調語になっています。

どの動詞に感情を込めているのかを考えます。

SCENE: 20

私はどうして、あの人を送って行きましょう。あの人は西へも東へも、遠くにも近くにも葬《ほうむ》られているのですもの。

あなたが、もし労働者だったら、私にお返事下さいね。その代わり、私の恋人の着ていた仕事着の裂《きれ》を、あなたにあげます。この手紙を包んであるのがそうなのですよ。この裂《きれ》には石の粉と、あの人の汗とがしみ込んでいるのですよ。あの人が、この裂《きれ》の仕事着で、どんなに固く私を抱いてくれたことでしょう。

お願いですからね、このセメントを使った月日と、それからくわしい所書と、どんな場所へ使ったかと、それにあなたのお名前も、御迷惑でなかったら、是非々々お知らせ下さいね。あなたも御用心なさいませ。さようなら。

問1>>> 「あの人は西へも東へも、遠くにも近くにも葬《ほうむ》られているのですもの」とありますが、その理由を分かりやすく説明しなさい。

問2>>> 「あなたも御用心なさいませ」とありますが、その理由を推測して説明しなさい。

答1≫あの人はセメントになって、さまざまな場所で使われることになるから。
恋人がセメントになってしまったことから、推測がつくはずです。

答2≫過酷な労働によって、いつセメントになった恋人と同じ運命をたどるか、
分かったものではないから。

松戸与三にとっても、この手紙の内容は人ごとではないのです。毎日毎日過酷な労働に明け暮れ、いつ何時疲れのために思わぬ事故に遭うか分かりません。

この時代に生きる人びとの過酷な生活が、ありありと表現されています。

SCENE: 21

松戸与三は、湧《わ》きかえるような、子供たちの騒ぎを身のまわりに（　　　　）。

彼は手紙の終わりにある住所と名前を見ながら、茶碗に注いであった酒をぐっと一息にあおった。

「へべれけに酔っ払いてえなあ。そうして何もかもぶち壊してみてえなあ」と怒鳴った。

「へべれけになって暴れられてたまるもんですか、子供たちをどうします」

細君がそう云った。

彼は、細君の大きな腹の中に七人目の子供を見た。

問1 ≫ （　　　）に入る言葉を「お」で始まる三字で答えなさい。

問2 ≫ 「何もかもぶち壊してみてえなあ」とありますが、そう思った理由を、分かりやすく説明しなさい。

答1>>>覚えた
慣用的な言い回し。手紙の世界に集中して、ふと我に返った状況をつかまえること。

答2>>>過酷な労働を強いるこの世の中の仕組みそのものに、強く憤りを感じたから。

自分もセメントになった労働者と何ら変わることのない立場にあると思った松戸与三は、自分たちをそのような状況に陥れた世の中そのものに対して、あるいはそうした理不尽さに対して、憤りを感じます。
だが、怒りの対象が誰か個人ではなく、漠然とした大きなものであるだけに、その怒りはやり場がないのです。そして、現実には細君にまた一人子供が生まれ、悲惨な状況は解消されるどころか、より悪化していくのです。
「彼」は、結局は何もできず、酒をあおるしかありません。ところが、その酒を飲む金も自由にはならないのです。

第四部

『魚服記』
太宰 治

＊ SCENE 22_40

†『魚服記』を読む前に知っておこう

太宰治は明治42（1909）年、青森県北津軽郡金木《かなぎ》村（現・五所川原市）で、東北屈指の大地主の家に生まれます。当時、青森県の農村の貧困さは、目をおおうばかりでした。そうしたなか、太宰は共産党活動にのめり込んでいくのでした。

その後、自殺を繰り返した後、やがて小説家として登場するのですが、その処女作品が『晩年』で、『魚服記』もその中の一つです。

まだ若いのに、『晩年』と名付けたのは、遺書のつもりで作品を書きためたからでした。死ぬ前に、これだけは書き残しておきたいと次々と執筆をするのですが、しだいに芸術のデーモンに取り憑かれていきます。

その後、太宰は自殺、薬物依存症、精神病院に隔離と、狂乱の生涯を送っていくのですが、昭和23（1948）年、戦争が終わってまもなく、山崎富栄と玉川上水で心中をします。『魚服記』は、そうした太宰の狂乱状態の中で書かれた作品の中で、最も美しく、かつ悲しい物語なのではないでしょうか。

SCENE:22

本州の北端の山脈は、ぼんじゅ山脈（　1　）いうのである。せいぜい三四百米《メートル》ほどの丘陵が起伏している（　2　）あるから、ふつうの地図に（　3　）載っていない。むかし、このへん一帯はひろびろした海（　4　）あったそうで、義経《よしつね》が家来たちを連れて北へ北へと亡命して行って、はるか蝦夷《えぞ》の土地へ渡ろう（　5　）ここを船でとおったということである。そのとき、彼等の船がこの山脈へ衝突した。突きあたった跡がいまでも残っている。山脈のまんなかごろのこんもりした小山の中腹にそれがある。約一畝歩《せぶ》ぐらいの赤土の崖《がけ》がそれなのであった。

問1≫（1）〜（5）に、選択肢の中からそれぞれ助詞を入れて、文章を完成させなさい。

（1）　（2）

（3）　（4）

（5）

と　で　ので　は

問2≫「それ」は何を指しているのか、該当箇所を抜き出しなさい。

答1 ≫ (1)と　(2)ので　(3)は　(4)で　(5)と

助詞の正しい使い方ができているかどうかを、確かめる問題です。

答2 ≫ 突きあたった跡

直前の文の「それ」と同じものを指しています。

義経が亡命したとき、彼らの船がこの山脈へ衝突したそうで、その「突きあたった跡」が「それ」の指示内容。

小山の中腹に「突きあたった跡」があるとし、さらにそれを受けて、「赤土の崖《がけ》」がそれにあたるとしています。

SCENE: 23

小山は馬禿山《まはげやま》と呼ばれている。ふもとの村（１）崖を眺めるとはしっている馬の姿に似ているからと言うのである（２）、事実は老いぼれた人の横顔に似ていた。

馬禿山はその山の陰の景色がいい（３）、いっそうこの地方で名高いのである。麓《ふもと》の村は戸数もわずか二三十でほんの寒村であるが、その村はずれを流れている川を二里ばかりさかのぼると馬禿山の裏（４）出て、そこには十丈ちかくの滝がしろく落ちている。夏の末から秋にかけて山の木々が非常によく紅葉するし、そんな季節には近辺のまちから遊びに来る人たちで山もすこしにぎわうのであった。滝の下には、ささやかな茶店さえ立つのである。

問1≫（ 1 ）～（ 4 ）に、それぞれ助詞を入れて、文章を完成させなさい。

(1)

(2)

(3)

(4)

問2≫馬禿山は、実際は何に似ているのですか？

問3≫夏から秋にかけて山が少しにぎわう理由を答えなさい。

答1>>>（1）から　（2）が（けれども）　（3）から（ため・ので）　（4）へ（に）

答2>>>老いぼれた人の横顔。

答3>>>山の木々が非常によく紅葉するから。

舞台の情景をしっかりと脳裏に焼き付けましょう。

本州の北の外れの、馬禿山でのことです。その小さな山は景色がきれいで、紅葉シーズンになると、ほんの少し見物客でにぎわいます。でも、もともとはふもとにも二、三十の戸数しかない寒村で、山の裏には滝が落ちているのです。

SCENE:24

ことしの夏の終わりごろ、この滝で死んだ人がある。故意に飛び込んだ（　1　）はなくて、まったくの過失（　2　）であった。植物の採集をしにこの滝へ来た色の白い都の学生である。このあたりには珍しい羊歯類《しだるい》が多くて、そんな採集家がしばしば訪れるのだ。

滝壺は三方が高い絶壁で、西側の一面だけが狭くひらいて、そこから谷川が岩を噛《か》みつつ流れ出ていた。絶壁は滝のしぶきでいつも濡れていた。羊歯類はこの絶壁のあちこち（　3　）生えていて、滝のとどろきにしじゅうぶるぶるとそよいでいるのであった。

問1 >>> 「羊歯類は」は、どの言葉にかかっているのか？　該当する箇所をすべて抜き出しなさい。

問2 >>> （1）〜（3）に入る言葉をひらがな二字で答えなさい。

（1）

（2）

（3）

答1＞＞＞生えていて　そよいでいるのであった

羊歯類は
生えていて
そよいでいるのであった

ルール1の主語―述語の関係ですね。

答2＞＞＞(1)ので　(2)から　(3)にも
助詞の問題です。ルール2の「言葉のつながり」から考えます。
滝から水の底へ、あやまって落ちた色の白い都の学生。この映像のような冒頭のシーンが、この後の物語の伏線となっていきます。

SCENE: 25

学生はこの絶壁によじのぼった。ひるすぎのことであったが、初秋の日ざしはまだ絶壁の頂上に明るく残っていた。学生が、絶壁のなかばに到達したとき、足だまりにしていた頭ほどの石ころがもろくも崩れた。崖から剝《は》ぎ取られたようにすっと落ちた。途中で絶壁の老樹の枝にひっかかった。枝が折れた。すさまじい音をたてて淵《ふち》へたたきこまれた。

滝の付近に居合せた四五人がそれを目撃した。しかし、淵のそばの茶店にいる十五になる女の子が一番はっきりとそれを見た。

いちど、滝壺ふかく沈められて、それから、すらっと上半身が水面から躍りあがった。眼をつぶって口を小さくあけていた。青色のシャツのところどころが破れて、採集かばんはまだ肩にかかっていた。

それきりまたぐっと水底へ引きずりこまれたのである。

問 >>> 傍線部は原文通りですが、日本語の使い方としておかしいところがあります。どこがおかしいのか、説明しなさい。

答 >>> 主語が変わっているにもかかわらず、省略されているところ。

主語が省略されるのは、基本的に前の文と主語が変わらないときです。「学生が、絶壁のなかばに到達したとき、足だまりにしていた頭ほどの石ころがもろくも崩れた。」の主語は、「石ころ」です。一文の要点は、「石ころが崩れた」となります。

ところが、次の文の「崖からはぎ取られたようにすっと落ちた」では、述語が「落ちた」となっています。言葉の規則からするならば、ここの主語もやはり「石ころ」とならなければなりません。以下、「ひっかかった」も、「石ころ」が主語です。でも、実際は、「落ちた」「ひっかかった」は、学生のことです。

次の文「枝が折れた」は、もちろん「枝」が主語。ところが、その次の文も主語が省略され、述語が「たたきこまれた」ですから、ここでも主語は「枝」ではなく、「学生」でなければなりません。ルール1をしっかりと確認してください。

このように、この箇所は明らかな主語の省略があります。これは、滝に落ちる一瞬をスピーディに表現するために、あえて主語を省いたのでしょう。

SCENE: 26

春の土用から秋の土用にかけて天気のいい日だと、馬禿山から白い煙の幾筋も昇っているのが、ずいぶん遠くからでも眺められる。この時分の山の木には精気が多くて炭をこさえるのに適しているから、炭を焼く人達も忙しいのである。

馬禿山には炭焼小屋が十いくつある。滝の傍にもひとつあった。この小屋は他の小屋と余程はなれて建てられていた。小屋の人がちがう土地のものであったからである。茶店の女の子はその小屋の娘であって、スワという名前である。父親とふたりで年中そこへ寝起きしているのであった。

問1>>>「いい日だと」「馬禿山から」「いるのが」は、それぞれどの言葉にかかっていますか？

・いい日だと ➡

・馬禿山から ➡

・いるのが ➡

問2>>>「炭を焼く人達も忙しいのである」とありますが、これは何の理由として述べられたものですか？

問3>>>「この小屋は他の小屋と余程はなれて建てられていた。小屋の人がちがう土地のものであったからである」とありますが、この文章を、「だから」を使って、書き直しなさい。

答1>>> いい日だと⬇眺められる　馬禿山から⬇のぼっている
いるのが⬇眺められる
ルール2、一文の論理構造をつかまえる練習です。

答2>>> 天気のいい日に、馬禿山から白い煙が昇っている理由。

天気がいいと、炭を焼く
⬅（だから）
馬禿山から白い煙が昇る

と、ここではルール6の因果関係が見られます。

答3>>> 小屋の人がちがう土地のものであったのである。だから、この小屋は他の小屋とは余程はなれて建てられていた。

「だから」は、因果関係を表す接続語です。「だから」の前に、理由が来ます。「～からである」が理由なので、文の順番が逆転します。

> 小屋の人がちがう土地のものだった
> ⬅（だから）
> この小屋は他の小屋とはなれて建てられていた

と、ルール6の因果関係で成り立っています。

スワの小屋だけが滝の傍らに建てられていたということは、彼らがよそ者であったことを意味します。当然、他の小屋の人たちとそれほどの交流はなかったことが想像されるのです。

SCENE: 27

スワが十三の時、父親は滝壺のわきに丸太とよしずで小さい茶店をこしらえた。ラムネと塩せんべいと水無飴《みずなしあめ》とそのほか二三種の駄菓子をそこへ並べた。

夏近くなって山へ遊びに来る人がぼつぼつ見えはじめるじぶんになると、父親は毎朝その品物を手籠《てかご》へ入れて茶店まではこんだ。スワは父親のあとからはだしでぱたぱたついて行った。父親はすぐ炭小屋へ帰ってゆくが、スワは一人いのこって店番するのであった。遊山の人影がちらとでも見えると、やすんで行きせえ、と大声で呼びかけるのだ。父親がそう言えと申しつけたからである。しかし、スワのそんな美しい声も滝の大きな音に消されて、たいていは、客を振りかえさすこと（　　）出来なかった。一日五十銭と売りあげることがなかったのである。

問1＞＞＞（　　　）にあてはまる言葉を、ひらがな二字で答えなさい。

問2＞＞＞「一日五十銭と売りあげることがなかったのである」とありますが、その理由を簡潔に説明しなさい。

答1>>> さえ（すら）

スワの美しい声であったら、人の注意を引くはずです。ここでは、「客を振りかえさす」ことが最も程度の低いものとして提示されています。

「それさえできないのであるから、まして」といったニュアンスをつかまえましょう。

答2>>> スワの声が滝の大きな音に消されて、客を振りかえさすことさえできなかったから。

直前の内容を、論理の順番に組み立て直します。

スワは父と二人暮らしです。父は炭を焼いて売りに行き、スワはその間滝壺のそばの茶店で、一人店番をしています。

でも、客はめったに来ることはありません。おそらくスワは貧しい暮らしをしていて、人と交わることがほとんどないということが分かりますね。

SCENE: 28

黄昏時《たそがれどき》になると父親は炭小屋から、からだ中を真黒にしてスワを迎えに来た。

「なんぼ売れた」

「なんも」

「そだべ、そだべ」

父親はなんでもなさそうに呟《つぶや》きながら滝を見上げるのだ。それから二人して店の品物をまた手籠《てかご》へしまい込んで、炭小屋へひきあげる。

そんな日課が霜のおりるころまでつづくのである。

スワを茶店にひとり置いても心配はなかった。山に生れた鬼子であるから、岩根を踏みはずしたり滝壺へ吸いこまれたりする気づかいがないのであった。天気が良いとスワは裸身になって滝壺のすぐ近くまで泳いで行った。（　　）

問>>>（　　　　）に入る文を、次の選択肢の言葉を並べ替えることで完成しなさい。

①客らしい人を見つけると、
②と叫んだ。
③やすんで行きせえ、
④あかちゃけた短い髪を
⑤泳ぎながらも
⑥元気よくかきあげてから、

□→□→□→□→□→□

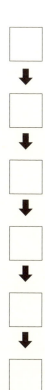

答 >>> ⑤泳ぎながらも⬇①客らしい人を見つけると、⬇④あかちゃけた短い髪を⬇⑥元気よくかきあげてから、⬇③やすんで行きせえ、⬇②と叫んだ。

まず、一文全体の述語を決めます。

「と叫んだ」がそれで、主語はもちろんスワですが、省略されています。

次に、言葉のつながりを考えると、「やすんで行きせえ、」⬇「と叫んだ」となります。さらに、「客らしい人を見つけると」⬇「と叫んだ」もつながりますね。

残った選択肢同士の言葉のつながりを考えると、「あかちゃけた短い髪を」⬇「元気よくかきあげてから」、「泳ぎながらも」⬇「見つけると」となります。

このように、言葉の規則を自在に使いこなす論理訓練です。

SCENE: 29

雨の日には、茶店の隅でむしろをかぶって昼寝をした。茶店の上には樫《かし》の大木がしげった枝をさしのべていていい雨よけになった。

つまりそれまでのスワは、どうどうと落ちる滝を眺めては、こんなにたくさん水が落ちてはいつかきっとなくなってしまうにちがいない、と期待したり、滝の形はどうしてこういつも同じなのだろう、といぶかしがったりしていたものであった。

それがこのごろになって、すこし思案ぶかくなったのである。

滝の形はけっして同じでないということを見つけた。しぶきのはねる模様でも、滝の幅でも、眼まぐるしく変っているのがわかった。果ては、滝は水でない、雲なのだ、ということも知った。滝口から落ちると白くもくもくふくれ上がる案配からでもそれと察しられた。だいいち水がこんなにまでしろくなる訳はない、と思ったのである。

スワはその日もぼんやり滝壺のかたわらにたたずんでいた。曇った日で秋風がかなりいたくスワの赤い頬を吹きさらしているのだ。

問 ≫ 傍線部の文章は、読者に何を伝えようとしたものですか？

答 >>> スワが成長し、思案深くなってきたこと。

スワは急激に変化しています。それを印象づけようとして、このような描写を試みたのでしょう。スワは来る日も来る日も一人で滝の形を繰り返し見続けるのが日課です。そして、それを見て、いろいろと考えるのですが、「滝の形はけっして同じでないということを見つけた。しぶきのはねる模様でも、滝の幅でも、眼まぐるしく変っているのがわかった」とあるので、観察の仕方が随分と注意深くなっています。

ただし、必ずしも分別がついたわけではありません。

「果ては、滝は水でない、雲なのだ、ということも知った」からもそれが分かるように、スワは大人に成長しているのですが、まだ根本においては子供から抜けきってはいないのです。

SCENE: 30

むかしのことを思い出していたのである。いつか父親がスワを抱いて炭窯《すみがま》の番をしながら語ってくれたが、それは、三郎と八郎というきこりの兄弟があって、弟の八郎がある日、谷川でやまべというさかなを取って家へ持って来たが、兄の三郎がまだ山からかえらぬうちに、そのさかなをまず一匹焼いてたべた。食ってみるとおいしかった。二匹三匹とたべてもやめられないで、とうとうみんな食ってしまった。そうするとのどが乾いて乾いてたまらなくなった。井戸の水をすっかりのんでしまって、村はずれの川端へ走って行って、また水をのんだ。のんでるうちに、体中へぶつぶつと鱗《うろこ》が吹き出た。三郎があとからかけつけた時には、八郎はおそろしい大蛇《だいじゃ》になって川を泳いでいた。八郎やあ、と呼ぶと、川の中から大蛇が涙をこぼして、三郎やあ、とこたえた。兄は堤の上から弟は川の中から、八郎やあ、三郎やあ、と泣き泣き呼び合ったけれど、どうする事も出来なかったのである。

問 >>> 文中、文法的におかしな箇所があります。ある言葉を三文字削り取ると、とりあえずは修復可能です。削るべき言葉を抜き出しなさい。

答 >>> それは

いつか父親がスワを抱いて炭窯《すみがま》の番をしながら語ってくれたが、それは、三郎と八郎というきこりの兄弟があって、弟の八郎が或る日、谷川でやまべというさかなを取って家へ持って来たが、兄の三郎がまだ山からかえらぬうちに、そのさかなをまず一匹焼いてたべた。

「それは」は、直前の「父が語ってくれた話」を指します。ところが、その主語に対応する述語が見あたりません。そこで、「それは」を取ってやる必要があります。

一番文法的に正確な表現は、「いつか父親がスワを抱いて炭窯の番をしながら語ってくれた。」といったん切ったうえで、「三郎と八郎というきこりの兄弟があって」と、話を続けることです。

このように、文章を正確に読む訓練をしていくと、たとえば自分の文章でもおかしな箇所はすぐに発見できて、修正することができるようになります。

SCENE: 31

スワがこの物語を聞いた時には、あわれであわれで父親の炭の粉だらけの指を小さな口におしこんで泣いた。

スワは追憶からさめて、不審げに眼をぱちぱちさせた。滝がささやくのである。八郎やあ、三郎やあ、八郎やあ。

父親が絶壁の紅い蔦の葉を掻《か》きわけながら出て来た。

「スワ、なんぼ売れた」

スワは答えなかった。しぶきにぬれてきらきら光っている鼻先を強くこすった。父親はだまって店を片づけた。

問 >>> 「しぶきにぬれてきらきら光っている」とありますが、その理由を簡潔に説明しなさい。

答 >>> まだ追憶から冷め切らず、涙がこぼれていたから。

「しぶき」は、この場合、スワの涙のことです。スワは追憶に浸りきっていました。前段落の末尾「スワは追憶からさめて、不審げに眼をぱちぱちさせた。滝がささやくのである。八郎やあ、三郎やあ、八郎やあ」が、その根拠です。

そんなスワに対して、父親の「なんぼ売れた」という質問はあまりに現実的すぎるのです。

スワの成長とともに、しだいにスワの世界は父の現実的な世界と、あいいれなくなっていくのです。

SCENE: 32

炭小屋までの三町程の山道を、スワと父親は熊笹を踏みわけつつ歩いた。

「もう店しまうべえ」

父親は手籠を右手から左手へ持ちかえた。ラムネの瓶がからから鳴った。

「　　　1　　　」

日が暮れかけると山は風の音ばかりだった。楢《なら》や樅《もみ》の枯葉が折々みぞれのように二人のからだへ降りかかった。

「　　　2　　　」

スワは父親のうしろから声をかけた。

「　　　3　　　」

父親は大きい肩を（　　　　）っとすぼめた。

問1>>>「1〜3」に入るセリフを次の選択肢から選んで、記号で答えなさい。

㋐「お父《ど》」
㋑「おめえ、なにしに生きでるば」
㋒「秋土用すぎで山さ来る奴もねえべ」

1. □　2. □　3. □

問2>>>（　　　）に入る言葉を次の選択肢から選んで、記号で答えなさい。

㋐ずる
㋑きゅ
㋒ぎく

答1>>> 1. ㋒　2. ㋐　3. ㋑

まず、選択肢を父のものかスワのものかで分けます。

父……㋒「秋土用すぎで山さ来る奴もねえべ」
スワ……㋐「お父《ど》」、㋑「おめえ、なにしに生きでるば」

1.は父のセリフ。「もう店しまうべえ」の理由が入ります。
2.と3.はスワのセリフ。それぞれ、直後の「うしろから声をかけた」と「肩を（　）っとすぼめた」から判断します。

答2>>> ㋒ぎく

スワのセリフは、父にとって答えようのないものです。そうした父の心情が表れているものが答えです。

SCENE: 33

スワのきびしい顔をしげしげ見てから呟いた。

「判らねじゃ」

スワは手にしていたすすきの葉を噛みさきながら言った。

「くたばった方あ、いいんだに」

父親は平手をあげた。ぶちのめそうと思ったのである。しかし、もじもじと手をおろした。スワの気が立って来たのをとうから見抜いていたが、それもスワがそろそろ一人前のおんなになったからだな、と考えてそのときは堪忍してやったのであった。

「そだべな、そだべな」

スワは、そういう父親のかかりくさのない返事が馬鹿くさくて馬鹿くさくて、すすきの葉をぺっぺっと吐き出しつつ、

「阿呆、阿呆」

と怒鳴った。

問1 >>>「しかし、もじもじと手をおろした」とありますが、その理由を簡潔に説明しなさい。

問2 >>>「「阿呆、阿呆」と怒鳴った」とありますが、その理由を簡潔に説明しなさい。

答1>>> 初めての生理がはじまり、スワは気が立っていると思ったから。

傍線直後をつかまえます。

答2>>> スワが人生に関する真剣な問いを投げかけたのに、父がそれをはぐらかすような答え方しかしなかったから。

直前の「父親のかかりくさのない返事が馬鹿くさくて馬鹿くさくて、」の内容を、整理します。この場面でも、スワの明らかな変化が描写されています。

今までのスワは山を走り回り、川で泳いで、まさに鬼子として自由気ままな暮らしをして、それを疑問に思うこともありませんでした。

ところが、肉体も一人前の女になりはじめ、あらゆることに物思いが始まります。ただ、まだ世の中のことを知らないスワは、自分なりに懸命に考えてはいるのですが、その内容には幼さが残っています。

そういった微妙な時期にさしかかって、スワの父は戸惑うばかりです。そして、スワが女になったのを、誰よりも気がついていたのは、スワの父だったのです。

SCENE: 34

ぼんが過ぎて茶店をたたんでからスワのいちばんいやな季節がはじまるのである。

父親はこのころから四五日置きに炭を背負って村へ売りに出た。人をたのめばいいのだけれど、そうすると十五銭も二十銭も取られてたいしたついえであるから、スワひとりを残してふもとの村へおりて行くのであった。

スワは空の青くはれた日だとその留守にきのこをさがしに出かけるのである。父親のこさえる炭は一俵で五六銭も儲《もう》けがあればいい方だったし、とてもそれだけではくらせない（ 1 ）、父親はスワにきのこを取ら（ 2 ）て村へ持って行くことにしていた。

なめこというぬらぬらした豆きのこは大変ねだんがよかった。それは羊歯類の密生している腐木へかたまってはえているのだ。

問1 ≫ 「いやな季節」である理由を、簡潔に答えなさい。

問2 ≫ （1）には、ひらがな二字、（2）には、ひらがな一字の言葉を入れて、文章を完成させなさい。

（1）

（2）

答1>>> 父が炭を村へ売りに出るために、一人で留守番をする日が多いから。
傍線直後をつかまえます。

答2>>> (1)ので(から・ため)　(2)せ
(1)は理由、(2)は使役を表します。
助動詞、助詞は日本語を正確に使うために大切なものです。ていねいな練習を心がけてください。

SCENE: 35

スワはそんな苔を眺めるごとに、たった一人のともだちのことを追想した。きのこのいっぱいつまった籠の上へ青い苔をふりまいて、小屋へ持って帰るのが好きであった。

父親は炭でもきのこでもそれがいい値で売れると、きまって酒くさいいきをしてかえった。たまにはスワへも鏡のついた紙の財布やなにかを買って来てくれた。

こがらしのために朝から山があれて小屋のかけむしろがにぶくゆすられていた日であった。父親は早暁《そうぎょう》から村へ下りて行ったのである。

スワは一日じゅう小屋へこもっていた。めずらしくきょうは髪をゆってみたのである。ぐるぐる巻いた髪の根へ、父親の土産の浪模様がついたたけながをむすんだ。それから焚火《たきび》をうんと燃やして父親の帰るのを待った。木々のさわぐ音にまじってけだものの叫び声が幾度もきこえた。

日が暮れかけて来たのでひとりで夕飯を食った。くろいめしに焼いた味噌をかてて食った。

問 >>> スワが孤独であることが分かる箇所を、二文抜き出しなさい。

1.

2.

答 >>> 1. たった一人のともだちのことを追想した。

2. 日が暮れかけて来たのでひとりで夕飯を食った。

外はふぶきが吹き荒れて、スワは小屋から一歩も出ることができません。今と違って、テレビもゲームもマンガもない世界です。

スワは一人空想にふけるしかありません。

SCENE: 36

夜になると風がやんでしんしんと寒くなった。こんな妙に静かな晩には山できっと不思議が起るのである。天狗《てんぐ》の大木を伐り倒す音がめりめりと聞えたり、小屋の口あたりで、誰かのあずきをとぐ気配がさくさくと耳についたり、遠いところから山人《やまふと》の笑い声がはっきり響いて来たりするのであった。

父親を待ちわびたスワは、わらぶとん着て炉ばたへ寝てしまった。うとうと眠っていると、ときどきそっと入口のむしろをあけて覗《のぞ》き見するものがあるのだ。山人が覗いているのだ、と思って、じっと眠ったふりをしていた。

問1>>> 「天狗《てんぐ》の大木を伐り倒す音がめりめりと聞えたり、小屋の口あたりで、誰かのあずきをとぐ気配がさくさくと耳についたり、遠いところから山人《やまふと》の笑い声がはっきり響いて来たり」を一般化した箇所を、単語で答えなさい。

問2>>> 「そっと入口のむしろをあけて覗《のぞ》き見するもの」とは、誰のことだとスワは推測していますか？

答1 >>> 不思議

傍線部は山で起こる不思議の具体例で、そこにはルール4の「イコールの関係」が成り立ちます。

「具体⬇一般」、「一般⬇具体」を意識することは論理的思考訓練の基本です。

答2 >>> 山人《やまふと》

こんな静かな夜には、山に不思議なことが起こると、スワは信じているのです。

現に、スワは遠いところで「山人《やまふと》の笑い声」をはっきり聞いたと思い込んでいます。

SCENE: 37

白いもののちらちら入口の土間へ舞いこんで来るのが燃えのこりの焚火のあかりでおぼろに見えた。①初雪だ！　と夢心地ながらうきうきした。

②疼痛《とうつう》。からだがしびれるほど重かった。ついであのくさい呼吸を聞いた。

「阿呆」

スワは短く叫んだ。

ものもわからず外へはしって出た。

吹雪！　それがどっと顔をぶった。思わずめためた座ってしまった。みるみる髪も着物もまっしろになった。

問1>>>次の文に読点を一カ所打つとすれば、どこがいいですか？　文中に「、」を入れ、その理由を説明しなさい。

白いもののちらちら入口の土間へ舞いこんで来るのが燃えのこりの焚火のあかりでおぼろに見えた。

理由

問2>>>①初雪だ！　と夢心地ながらうきうきした。②疼痛《とうつう》。からだがしびれるほど重かった。

①と②との間には、時間の経過があります。その根拠を簡潔に説明しなさい。

答1 >>> 燃えの前　理由「白いもののちらちら入口の土間へ舞いこんで来るのが」までが主語だから。

一文の構造をつかむ問題です。

一文の「主語―述語」を抜き取れば、「白いもののちらちら入口の土間へ舞いこんで来るのが」が主語で、「見えた」が述語です。

さらに主語の中に「白いものの―来るのが」と「主語―述語」の関係があります。

「燃えのこりの焚火のあかりで」「おぼろげに」は、それぞれ「見えた」を修飾しています。

答2 >>> ①は夢心地で思ったことで、この段階ではまだ雪は「ちらちら」としか降っていないのに、②の時点ではすでに「吹雪」になっていたから。

SCENE: 38

スワは起きあがって肩であらく息をしながら、むしむし歩き出した。着物が烈風で揉《も》みくちゃにされていた。どこまでも歩いた。

滝の音がだんだんと大きく聞こえて来た。ずんずん歩いた。てのひらで水洟《みずばな》を何度も拭った。ほとんど足の真下で滝の音がした。

狂い唸る冬木立の、細いすきまから、

「おど！」

とひくく言って飛び込んだ。

問 >>> シーン37と38の中で、スワを犯したのが実の父親だとにおわせている部分があります。その箇所を、各シーンから一つずつ二つ抜き出しなさい。

1. シーン37

2. シーン38

答 >>> 1. あのくさい呼吸

2. 「おど！」とひくく言って飛び込んだ。

「くさい呼吸」に対して、「あの」と指示語を使っているということは、この呼吸を以前かいだことがあるということです。

このように、ルール③の文と文のつながりの中の指示語の大切さも確認しましょう。

もちろん、酒臭い息のことで、閉ざされた生活をしているスワにとっては、それは父親以外にあり得ません。

SCENE: 39

気がつくとあたりは薄暗いのだ。滝の轟《とどろ》きが（　1　）に感じられた。ずっと頭の上でそれを感じたのである。からだがその響きにつれてゆらゆら動いて、みうちが骨まで冷たかった。

ははあ水の底だな、とわかると、やたらむしょうにすっきりした。さっぱりした。

ふと、両脚をのばしたら、すすと前へ音もなく進んだ。鼻がしらがあやうく岸の岩角へぶっつかろうとした。

大蛇！

大蛇になってしまったのだと思った。うれしいな、もう小屋へ帰れないのだ、とひとりごとを言って口ひげを大きくうごかした。

小さな鮒《ふな》であったのである。ただ口をぱくぱくとやって鼻さきの疣《いぼ》をうごめかしただけのことであったのに。

問1 ≫（　1　）に入る言葉を、次の選択肢から選びなさい。

㋐確かに　㋑しずかに　㋒幽《かす》かに　㋓鋭く

問2 ≫スワが父に犯されたことを気に病んでいると分かるセリフを抜き出しなさい。

問3 ≫スワは結局何に変身したのですか？

答1>>> ㋒ 幽《かす》かに

スワは今水の中にいるので、「滝の轟《とどろ》き」もどこか頭の上のほうから、くぐもって聞こえたのでしょう。そこから、「確かに」「鋭い」は×。「轟き」とある限り、「しずかに」という言葉とは合いません。

答2>>> うれしいな、もう小屋へ帰れないのだ

セリフという条件を、忘れないこと。

答3>>> 小さな鮒《ふな》

八郎が大蛇になった話が忘れられないスワは、自分も大蛇になったと思い込んだのですが、結局は小さな鮒にしかなれませんでした。

SCENE: 40

鮒は滝壺のちかくの淵をあちこちと泳ぎまわった。胸鰭《むなびれ》をぴらぴらさせて水面へ浮かんで来たかと思うと、つと尾鰭《おびれ》をつよく振って底深くもぐりこんだ。

水のなかの小えびを追っかけたり、岸辺の葦《あし》のしげみに隠れて見たり、岩角の苔をすすったりして遊んでいた。

それから鮒はじっとうごかなくなった。時折、胸鰭《むなびれ》をこまかくそよがせるだけである。なにか考えているらしかった。しばらくそうしていた。

やがてからだをくねらせながらまっすぐに滝壺へむかって行った。たちまち、くるくると木の葉のように吸いこまれた。

問1>>> スワは山にいるときは「鬼子」で、自由奔放に暮らしていました。それが分かる箇所を抜き出し、始めと終わりの三字（句読点は含まず）を答えなさい。

□□□ 〜 □□□

問2>>> スワはすでに滝を見ては物思いに耽《ふけ》るようになっていました。水の中でも、もはや以前のように何も考えずに無邪気に遊ぶことができなくなっています。それが分かる箇所を四文抜き出しなさい。

答1>>> 鮒は滝〜でいた

鮒は滝壺のちかくの淵をあちこちと泳ぎまわった。胸鰭《むなびれ》をぴらぴらさせて水面へ浮んで来たかと思うと、つと尾鰭《おびれ》をつよく振って底深くもぐりこんだ。

水のなかの小えびを追っかけたり、岸辺の葦《あし》のしげみに隠れて見たり、岩角の苔をすすったりして遊んでいた。


に注目。

スワは山で遊んだように、水の中でも最初は自由に遊び回ったのです。

でも、すでに大人になりかけ、思慮深くなったスワは、もはや以前のようにいつまでも無邪気に振る舞い続けることができません。

答2>>> それから鮒はじっとうごかなくなった。

時折、胸鰭をこまかくそよがせるだけである
なにか考えているらしかった。
しばらくそうしていた。

スワが果たして何を考え込んでいるのかは分かりません。
でも、大人になることで、世界はもう以前の輝きを取り戻すことができなくなったのです。
大人になることは、思慮深くなると同時に、現実世界の汚れや苦しみ、哀しみを引き受けることでもあるのでしょう。

やがてからだをくねらせながらまっすぐに滝壺へむかって行った。たちまち、くるくると木の葉のように吸いこまれた。

といった結末は、何か暗示的で、奇妙な余韻すら感じ取ることができます。

第五部

『夢十夜』
夏目漱石

＊SCENE 41_48

†『夢十夜』を読む前に知っておこう

夏目漱石は慶應3(1867)年、明治維新の同年に生を受け、大正5(1916)年に没するのですが、実際作家活動はイギリス留学帰国後のほぼ10年に限られます。高浜虚子に勧められ、雑誌「ホトトギス」に発表された『吾輩は猫である』が爆発的な人気を博し、『倫敦塔《ロンドンとう》』『坊っちゃん』と作家的地位を固めていきました。

特に一切の教職を辞し、朝日新聞に入社してからの活躍は目覚ましいものがありました。

『虞美人草《ぐびじんそう》』を発表し、次に『三四郎』『それから』『門』の三部作、さらには『彼岸過迄《ひがんすぎまで》』『行人』『こころ』の後期三部作、唯一の自伝小説と言われる『道草』を発表、未完の大作と言われる『明暗』が絶筆となりました。

『夢十夜』は、『三四郎』に先だって、明治41(1908)年に発表されたものです。

作品は十の夢から成り立っているのですが、どれも幻想的な、しかも、漱石の抱いた原風景を想起させるような、不思議なものばかりです。

SCENE: 41

第一夜

こんな夢を見た。

腕組をして枕元に坐《すわ》っていると、あおむきに寝た女が、静かな声でもう死にますと云う。女は長い髪を枕に敷いて、輪郭の柔らかな瓜実顔《うりざねがお》をその中に横たえている。真白な頬の底に温かい血の色がほどよく差して、唇《くちびる》の色は無論赤い。とうてい死にそうには見えない。しかし女は静かな声で、もう死にますとはっきり云った。自分も確かにこれは死ぬなと思った。そこで、そうかね、もう死ぬのかね、と上から覗《のぞ》き込むようにして聞いて見た。死にますとも、と云いながら、女はぱっちりと眼を開けた。大きな潤いのある眼で、長い睫《まつげ》に包まれた中は、ただ一面に真黒であった。その真黒な眸《ひとみ》の奥に、自分の姿が鮮やかに浮かんでいる。

それで、ねんごろに枕の傍《そば》へ口を付けて、死ぬんじゃなかろうね、大丈夫だろうね、とまた聞き返した。すると女は黒い眼を眠そうにみはったまま、やっぱり静かな声で、でも、死ぬんですもの、仕方がないわと云った。

じゃ、私の顔が見えるかいと一心に聞くと、見えるかいって、そら、そこに、写ってるじゃありませんかと、にこりと笑って見せた。自分は黙って、顔を枕から離した。腕組をしながら、どうしても死ぬのかなと思った。

問1>>>次の一文を元の場所に戻し、直後の五文字を抜き出しなさい。

自分は透《す》き徹《とお》るほど深く見えるこの黒眼の色沢《つや》を眺めて、これでも死ぬのかと思った。

問2>>>（　）にひらがな一字を入れなさい。

問3>>>「そこ」が指すものを三字で答えなさい。

答1>>> それで、ね

「それで、ねんごろに枕の傍《そば》へ口を付けて、死ぬんじゃなかろうね、大丈夫だろうね、とまた聞き返した。」に着目。「それで」は因果関係を示す接続語で、その前に理由が来ます。

なぜ、死ぬんじゃなかろうね、と聞き返したかというと、その理由が欠落文の「これでも死ぬのかと思った」となります。女の眼は大きな潤いがあり、とても死ぬようには思えなかったのです。

答2>>> も

女がもう死にますと言ったことを前提に、僕も死ぬだろうと思ったので、「も」。

答3>>> 女の眸《ひとみ》

「私の顔」がどこに写っているかを読み取ります。今、「私」は横たわっている女の瞳を覗き込んでいるのだから、私の顔が写っているのは「女の眸《ひとみ》」。

SCENE: 42

しばらくして、女がまたこう云った。

「死んだら、埋めて下さい。大きな真珠貝で穴を掘って。そうして天から落ちて来る星の破片《かけ》を墓標《はかじるし》に置いて下さい。そうして墓の傍《そば》に待っていて下さい。また逢いに来ますから」

自分は、いつ逢いに来るかねと聞いた。

「日が出るでしょう。それから日が沈むでしょう。それからまた出るでしょう、そうしてまた沈むでしょう。——赤い日が東から西へ、東から西へと落ちて行くうちに、——あなた、待っていられますか」

自分は黙って首肯《うなず》いた。女は静かな調子を一段張り上げて、

「百年待っていて下さい」と思い切った声で云った。

「百年、私の墓の傍《そば》に坐って待っていて下さい。きっと逢いに来ますから」

自分はただ待っていると答えた。（　　　　）、黒い眸《ひとみ》のなかに鮮やかに見えた自

分の姿が、ぼうっと崩れて来た。静かな水が動いて写る影を乱したように、流れ出したと思ったら、女の眼がぱちりと閉じた。長い睫《まつげ》の間から涙が頬へ垂れた。——もう死んでいた。

自分はそれから庭へ下りて、真珠貝で穴を掘った。真珠貝は大きな滑らかな縁《ふち》の鋭いどい貝であった。土をすくうたびに、貝の裏に月の光が差してきらきらした。湿った土の匂《におい》もした。穴はしばらくして掘れた。女をその中に入れた。そうして柔らかい土を、上からそっと掛けた。掛けるたびに真珠貝の裏に月の光が差した。

それから星の破片《かけ》の落ちたのを拾って来て、かろく土の上へ乗せた。星の破片《かけ》は丸かった。長い間大空を落ちている間に、角《かど》が取れて滑らかになったんだろうと思った。抱き上げて土の上へ置くうちに、自分の胸と手が少し暖くなった。

問1>>>（　　）に入る接続語を、次の中から選びなさい。

するとしかしつまりさて

問2>>>「影」とは何か、具体的に抜き出しなさい。

問3>>>自分が「星の破片《かけ》の落ちたのを拾って来て、かろく土の上へ乗せた」理由を答えなさい。

答1>>> すると

自分が待っていると答えた後、女の眸が涙で潤んだのだから、時間的順番を示す「すると」。

答2>>> 自分の姿

直前に「黒い眸《ひとみ》のなかに鮮やかに見えた自分の姿」とあることから、女の瞳に映った「自分の姿」だと分かります。

答3>>> 女の言う通りにしようとしたから。

女のセリフ、「天から落ちて来る星の破片《かけ》を墓標《はかじるし》に置いて下さい。そうして墓の傍《そば》に待っていて下さい。」を読み取ること。

SCENE: 43

自分は苔《こけ》の上に坐った。これから百年の間こうして待っているんだなと考えながら、腕組をして、丸い墓石《はかいし》を眺めていた。そのうちに、女の云った通り日が東から出た。大きな赤い日であった。それがまた女の云った通り、やがて西へ落ちた。赤いまんまでのっと落ちて行った。一つと自分は勘定《かんじょう》した。

しばらくするとまた唐紅《からくれない》の天道《てんとう》がのそりと上《のぼ》って来た。そうして黙って沈んでしまった。二つとまた勘定した。

自分はこう云う風に一つ二つと勘定して行くうちに、赤い日をいくつ見たか分らない。勘定しても、勘定しても、しつくせないほど赤い日が頭の上を通り越して行った。それでも百年がまだ来ない。しまいには、苔の生えた丸い石を眺めて、自分は女に欺《だま》されたのではなかろうかと思い出した。

すると石の下から斜《はす》に自分の方へ向いて青い茎が伸びて来た。見る間に長くなってちょうど自分の胸のあたりまで来て留まった。と思うと、すらりと揺らぐ茎の頂《いただき》に、心持首を傾《かたぶ》けていた細長い一輪の蕾《つぼみ》が、ふっくらと弁《はなびら》を開いた。真白な百合《ゆり》が鼻の先で骨に徹《こた》えるほど匂った。そこへ遥《はるか》の上から、ぽたりと露が落ちた（　**1**　）、花は自分の重みでふらふらと動いた。自分が百合から顔を離す拍子《ひょうし》に思わず、遠い空を見たら、暁《あかつき》の星がたった一つ瞬《またた》いていた。

「（　**2**　）はもう来ていたんだな」とこの時始めて気がついた。

問1≫（　1　）に入る言葉をひらがな二字で答えなさい。

問2≫（　2　）に入る言葉を漢字二字で答えなさい。

問3≫次の一文を元の場所に戻し、直後の五文字を抜き出しなさい。

自分は首を前へ出して冷たい露の滴《したた》る、白い花弁《はなびら》に接吻《せっぷん》した。

答1 >>> ので（ため・から）

空所直後の「花は自分の重みでふらふらと動いた」の理由が、空所直前の「ぽたりと露が落ちた」なので、理由を表す接続助詞を答えます。

答2 >>> 百年

女が百年待っててと言ったので、「自分」がずっと待っていたことを頭に置きましょう。真っ白な百合に接吻したことから、この百合が女の化身だと分かります。そこで、「百年」がたったと、自分は気づいたのです。

答3 >>> 自分が百合

青い茎が伸びて、自分の前で止まりました。そして、白い百合の花が弁を開き、自分の重みでふらふらと動いたことから、「自分」はこの百合が女の化身だと気づいたのです。問題文末尾に「自分が百合から顔を離す拍子に」とあることから、その直前で「自分」が百合に接吻していたことが分かります。

SCENE:44

第三夜

こんな夢を見た。

六つになる子供をおぶってる。たしかに自分の子である。ただ不思議な事にはいつの間にか眼が潰れて、青坊主《あおぼうず》になっている。自分が御前の眼はいつ潰れたのかいと聞くと、なに昔からさと答えた。声は子供の声に相違ないが、言葉つきはまるで大人である。しかも対等だ。

左右は青田である。路《みち》は細い。鷺《さぎ》の影が時々闇に差す。

「　1　」と背中で云った。

「どうして解る」と顔を後ろへ振り向けるようにして聞いたら、

「　2　」と答えた。

すると鷺《さぎ》がはたして二声ほど鳴いた。

自分は我子ながら少し怖くなった。こんなものを背負《しょ》っていては、この先どうなるか分らない。どこかうっちゃる所はなかろうかと向こうを見ると闇の中に大きな森が見えた。あすこならばと考え出す途端に、背中で、
「ふふん」と云う声がした。
「何を笑うんだ」
子供は返事をしなかった。ただ
「　3　」と聞いた。
「重かあない」と答えると
「　4　」と云った。

問 >>>「　1　」〜「　4　」に入る台詞を、次の選択肢から選んで、記号で答えなさい。

1.

2.

3.

4.

㋐ 今に重くなるよ

㋑ 田圃《たんぼ》へかかったね

㋒ 御父《おとっ》さん、重いかい

㋓ だって鷺《さぎ》が鳴くじゃないか

答>>> 1. ㋑　2. ㋓　3. ㋒　4. ㋐

会話は「自分」と、その子供との間で交わされているので、それぞれどちらの台詞かを考えます。それと同時に、話題が「鷺《さぎ》」に関するものと、「重い」に関するものとに分類することができます。

自分は人っ子一人いない田圃《たんぼ》道を暗闇の中歩いているのですが、背中には自分の子供を背負っています。その子供はいつのまにか目が潰れて、青坊主《あおぼうず》になり、しかも、親に対して大人の口ぶりなのです。

「　2　」の後に、「すると鷺《さぎ》がはたして二声ほど鳴いた」とあることから、まず「　2　」には、「だって鷺《さぎ》が鳴くじゃないか」が入ることが分かります。この時、鷺《さぎ》が鳴いたから、子供が「だって鷺《さぎ》が鳴くじゃないか」と言ったのではなく、逆に子供が「だって鷺《さぎ》が鳴くじゃないか」といったら、本当に鷺《さぎ》が鳴いたことに注意してください。

残りの㋐・㋒は「重い」が話題なので、「　1　」には残った「田圃にかかったね」が入ります。子供は目が潰れて見えないはずなのに、田圃へかかったことを知っているのです。そこで、自分は思わず「どうして解る」と聞いたのです。
子供を棄てるところはないかと思った瞬間、背中の子供が「ふふん」と笑いました。子供は背中にぴったりと張り付きながら、自分の心を読み取っていることが分かります。

次は「重い」の話題が入るのですが、直後の台詞「重かあない」から、「３」で、子供が「御父《おとっ》さん、重いかい」と聞いたことが分かります。「４」は残った「今に重くなるよ」で、この子供の台詞がラストシーンの伏線となっているのです。

SCENE:45

自分は黙って森を目標《めじるし》にあるいて行った。田の中の路が不規則にうねってなかなか思うように出られない。しばらくすると二股《ふたまた》になった。自分は股《また》の根に立って、ちょっと休んだ。

「石が立ってるはずだがな」と小僧が云った。

なるほど八寸角の石が腰ほどの高さに立っている。表には左り日《ひ》ヶ窪《くぼ》、右堀田原《ほったはら》とある。闇だのに赤い字があきらかに見えた。赤い字は井守《いもり》の腹のような色であった。

「左が好いだろう」と小僧が命令した。左を見るとさっきの森が闇の影を、高い空から自分らの頭の上へなげかけていた。

「遠慮しないでもいい」と小僧がまた云った。自分は仕方なしに森の方へ歩き出した。腹の中では、よく盲目《めくら》のくせに何でも知ってるなと考えながら一筋道を森へ近づいてくると、背中で、「どうも盲目は不自由でいけないね」と云った。

「(　)負《おぶ》ってやるからいいじゃないか」

「おぶってもらってすまないが、どうも人に馬鹿にされていけない。親にまで馬鹿にされるからいけない」

何だか厭《いや》になった。早く森へ行って捨ててしまおうと思って急いだ。

問1 >>> 次の一文を元の場所に戻し、直後の五文字を抜き出しなさい。

自分はちょっと躊躇《ちゅうちょ》した。

問2 >>> （　　）に入る接続語を、次の選択肢から選んで記号で答えなさい。

㋐ でも　㋑ すると　㋒ また　㋓ だから

問3 >>> 「親にまで馬鹿にされるからいけない」と子供が言った理由を簡潔に述べなさい。

答1>>>「遠慮しな

答2>>>㊀

答3>>>自分が盲のくせに何でも知っているなと思ったことを、子供が読み取ったから。

SCENE: 46

「もう少し行くと解る。——ちょうどこんな晩だったな」と背中で独言《ひとりごと》のように云っている。

「何が」と際どい声を出して聞いた。

「何がって、知ってるじゃないか」と子供は嘲《あざ》けるように答えた。すると何だか知ってるような気がし出した。けれども判然《はっきり》とは分らない。ただこんな晩であったように思える。そうしてもう少し行けば分るように思える。分っては大変だから、分らないうちに早く捨ててしまって、安心しなくってはならないように思える。自分はますます足を早めた。

雨はさっきから降っている。路はだんだん暗くなる。ほとんど夢中である。ただ背中に小さい小僧がくっついていて、その小僧が自分の過去、現在、未来をことごとく照らして、寸分の事実も洩《も》らさない（　1　）のように光っている。しかもそれが自分の子である。そうして盲目である。自分はたまらなくなった。

「ここだ、ここだ。ちょうどその杉の根の処だ」

雨の中で小僧の声は判然《はっきり》聞えた。自分は覚えず留った。いつしか森の中へはいっていた。一間《いっけん》ばかり先にある黒いものはたしかに小僧の云う通り杉の木と見えた。

「御父《おとっ》さん、その杉の根の処だったね」

「うん、そうだ」と思わず答えてしまった。

「文化五年辰年《たつどし》だろう」

なるほど文化五年辰年《たつどし》らしく思われた。

「御前がおれを殺したのは今からちょうど百年前だね」

自分はこの言葉を聞くや否や、今から百年前文化五年の辰年のこんな闇の晩に、この杉の根で、一人の盲目《めくら》を殺したと云う自覚が、忽然《こつぜん》として頭の中に起こった。おれは人殺《ひとごろし》であったんだなと始めて気がついた途端に、背中の子が急に石のように重くなった。

（２）

問1>>>（　1　）に入る言葉を漢字一字で答えなさい。

問2>>>（　2　）に入る言葉を漢字二字で答えなさい。

答1>>> 鏡

直後に「ように」とあるので、比喩が入ると分かります。自分の姿を映すもので、反射すると光るものなので、「鏡」が答。

答2>>> 地蔵

これも直後に「ように」とあるので、何の比喩かを考えます。背中の子供をたとえたものなので、子供の形をしたもの。「石」とつながる言葉なので、「石地蔵」が答え。だから、突然「重くなった」のです。

SCENE:47

第十夜

庄太郎が女に攫《さら》われてから七日目の晩にふらりと帰って来て、急に熱が出てどっと、床に就《つ》いていると云って健《けん》さんが知らせに来た。

庄太郎は町内一の好男子《こうだんし》で、至極善良な正直者である。（　1　）

あまり女が通らない時は、往来を見ないで水菓子を見ている。水菓子にはいろいろある。水蜜桃《すいみつとう》や、林檎《りんご》や、枇杷《びわ》や、バナナを綺麗に籠《かご》に盛って、すぐ見舞物《みやげもの》に持って行けるように二列に並べてある。庄太郎はこの籠を見ては綺麗だと云っている。商売をするなら水菓子屋に限ると云っている。そのくせ自分はパナマの帽子を被ってぶらぶら遊んでいる。

この色がいいと云って、夏蜜柑《なつみかん》などを品評する事もある。けれども、かつて銭《ぜに》を出して水菓子を買った事がない。ただでは無論食わない。色ばかり賞《ほ》めている。

ある夕方一人の女が、不意に店先に立った。身分のある人と見えて立派な服装をしている。その着物の色がひどく庄太郎の気に入った。（　２　）庄太郎は大変女の顔に感心してしまった。そこで大事なパナマの帽子を脱《と》って丁寧に挨拶をしたら、女は籠詰《かごづめ》の一番大きいのを指して、これを下さいと云うんで、庄太郎はすぐその籠を取って渡した。するとそれをちょっと提《さ》げて見て、大変重い事と云った。

庄太郎は元来閑人《ひまじん》の上に、すこぶる気作《きさく》な男だから、ではお宅まで持って参りましょうと云って、女といっしょに水菓子屋を出た。それぎり帰って来なかった。

いかな庄太郎でも、あんまり呑気《のんき》過ぎる。只事《ただごと》じゃ無かろうと云って、親類や友達が騒ぎ出していると、（　３　）日目の晩になって、ふらりと帰って来た。そこで大勢寄ってたかって、庄さんどこへ行っていたんだいと聞くと、庄太郎は電車へ乗って山へ行ったんだと答えた。

問1>>>（　1　）に入る文章を、次の選択肢を並べることで完成しなさい。


㋐そうしてしきりに感心している。

㋑ただ一つの道楽がある。

㋒そのほかにはこれと云うほどの特色もない。

㋓パナマの帽子を被《かぶ》って、夕方になると水菓子屋《みずがしや》の店先へ腰をかけて、往来の女の顔を眺めている。

□ ↓ □ ↓ □ ↓ □

問2>>>（　2　）に入る言葉を次の選択肢から選んで、記号で答えなさい。

㋐その上　㋑しかし　㋒すると　㋓あるいは

問3>>>（　3　）に漢数字を入れなさい。

□

答1 >>> ㋑➡㋓➡㋐➡㋒

直前の「正直者」に対して、㋑の「ただ」を受けて、「一つの道楽がある」としています。「道楽」の具体的内容を考えると、㋓となります。それを㋐が「そうして」と順接でつなげています。

㋓と㋒が「道楽」の具体的内容になっていますが、それが㋒「そのほか」の指示内容です。「そのほかにはこれと云うほどの特色もない」と続きます。

答2 >>> ㋐

空所直前の「その着物の色がひどく庄太郎の気に入った」を受けて、さらに「大変女の顔に感心してしまった」のだから、添加の「その上」。

答3 >>> 七

冒頭に「庄太郎が女に攫《さら》われてから七日目の晩にふらりと帰って来て」とあります。

SCENE:48

何でもよほど長い電車に違いない。庄太郎の云うところによると、電車を下りるとすぐと原へ出たそうである。非常に広い原で、どこを見廻しても青い草ばかり生《は》えていた。女といっしょに草の上を歩いて行くと、急に絶壁《きりぎし》の天辺《てっぺん》へ出た。その時女が庄太郎に、ここから飛び込んで御覧なさいと云った。底を覗いて見ると、切岸《きりぎし》は見えるが底は見えない。庄太郎はまたパナマの帽子を脱いで再三辞退した。すると女が、もし思い切って飛び込まなければ、豚に舐《な》められますが好うござんすかと聞いた。庄太郎は豚と雲右衛門が大嫌いだった。（　1　）命にはかえられないと思って、やっぱり飛び込むのを見合せていた。ところへ豚が一匹鼻を鳴らして来た。庄太郎は仕方なしに、持っていた細い檳榔樹《びんろうじゅ》の洋杖《ステッキ》で、豚の鼻頭《はなづら》を打《ぶ》った。豚はぐうと云いながら、ころりと引っ繰り返って、絶壁《きりぎし》の下へ落ちて行った。庄太郎はほっと一《ひ》と息接《いきつ》いでいるとまた一匹の豚が大きな鼻を庄太郎に擦りつけに来た。庄太郎はやむをえずまた洋杖《ステッキ》を振り上げた。豚はぐうと鳴いてまた真逆様《まっさかさま》に穴の底へ転げ込んだ。するとまた一匹あらわれた。この時庄太郎はふと気がついて、向うを見ると、はるかの青草原の尽きるあたりから幾万匹か数え切れぬ豚が、群をなして一直線に、この絶壁《きりぎし》の上に立っている庄太郎を目懸けて鼻を鳴らしてくる。庄太郎は心《しん》から恐縮した。けれども仕方がないから、近寄ってくる豚の鼻頭を、一つ一つ丁寧に檳榔樹《びんろうじゅ》の洋杖《ステッキ》で打っていた。不思議な事に洋杖《ステッキ》が鼻へ触りさえすれば豚はころりと谷の底へ落ちて行く。覗いて見ると底の見えない絶壁《きりぎし》を、逆さになった豚が行列して落ちて行く。自分がこのくらい多くの豚を谷へ落したかと思うと、庄太郎は我ながら怖くなった。けれども豚は続々くる。黒雲に足が生《は》えて、青草を踏み分けるような勢いで無（ **2** ）に鼻を鳴らしてくる。

庄太郎は必死の勇をふるって、豚の鼻頭を七日六晩《なのかむばん》叩いた。けれども、とうとう精根が尽きて、手が蒟蒻《こんにゃく》のように弱って、しまいに豚に舐《な》められてしまった。そうして絶壁の上へ倒れた。

健さんは、庄太郎の話をここまでして、だからあんまり女を見るのは善《よ》くないよと云った。自分ももっともだと思った。けれども健さんは庄太郎のパナマの帽子が貰いたいと云っていた。

（　3　）。パナマは健さんのものだろう。

問1>>>（　1　）に入る言葉を次の選択肢から選んで、記号で答えなさい。

㋐その上　㋑たとえば　㋒すると　㋓けれども

問2>>>（　2　）に入る二字の熟語を、次の漢字を組み合わせることで答えなさい。

蔵　勢　風　走　尽

問3>>>（　3　）に入るものを、次の選択肢から選んで、記号で答えなさい。

㋐健さんは庄太郎が嫌いだ
㋑健さんは女を見ることをしない
㋒庄太郎は助かるまい
㋓庄太郎はもうこりごりだった

答1>>>㊁

庄太郎は豚が嫌いだったにもかかわらず、飛び込まなかったので、逆接「けれども」。

答2>>>尽蔵

尽きることがないという意味から、無尽蔵。

答3>>>㋒

空所直後の「パナマは健さんのものだろう」と論理的につながるものを選びます。

あとがき

論理と文学。

思考と感性。

この不思議な取り合わせで、いったい何か生まれるのでしょうか？

論理も文学も、どちらも言語が生み出したものなのです。それゆえ、言語処理能力を高めることで、論理力を身につけ、文学的理解を深めていく。本書はそうした大それた目的のもとに執筆されました。

学校という公的教育機関で論理エンジン導入が検討されるとき、最も大きな誤解による障害は、「国語は論理だけではなく、感性も大切だ」といった反論でした。

そこには、論理と感性は相反するものだという頑迷な思いこみがあったのです。

言葉を規則にしたがって使えば論理になり、微妙な使い方に習熟すれば、それがその人の感性となります。

ともに言語処理能力を高めることで、鍛え、磨き上げることができるのです。

どんなに素晴らしい作品でも、ただ何となく読んで、ぼんやりとイメージだけで捉え、「クライ」「ウザイ」「ビミョウ」「チョー感動」などといった言葉ですましていたのでは、とても感性を磨くなどということはできません。

言葉の規則を知り、その精妙な使い方を学ぶことで、その作品を正確に、深く読み取ることができます。

そのうえで、はじめて作品をあなたなりに鑑賞、評価できるのです。

日本語のおもしろさを発見し、

論理力が鍛えられ、

感性が磨かれ、

文学の深さに触れ、

時代と向き合い、

あなたの脳力がアップする、
本書でこんなことがほんの少しでも可能になれば、
著者としてはこれほどうれしいことはありません。

出口　汪

＊本書収録の作品は「青空文庫」（http://www.aozora.gr.jp/）を底本としています。しかし、ドリルという本書の編集方針を優先し、可読性を重視しているため、編集部が送り仮名・漢字・ルビなどの表記の一部を変更しています。

＊本書は２００６年12月に小社より刊行された『論トレ』を改題および加筆・再編集したものです。

[著者プロフィール]
出口 汪●でぐちひろし
1955年東京都まれ。関西学院大学大学院文学研究科博士課程修了。広島女学院大学客員教授、論理文章能力検定理事、東進衛星予備校講師、出版社「水王舎」代表取締役。現代文講師として、予備校の大教室が満員となり、受験参考書がベストセラーになるほど圧倒的な支持を得ている。また「論理力」を養成する画期的なプログラム「論理エンジン」を開発、多くの学校に採用されている。
予備校講師のイメージが強いが、実際にはさまざまな方面で活動。ボランティアとして、パピーウォーカー（盲導犬育成）を長年続け、作家としても講談社から小説『水月』を刊行し、多くの一般書も手掛ける。『出口汪の「最強！」の記憶術』『芥川・太宰に学ぶ 心をつかむ文章講座』（以上、水王舎）、『東大現代文で思考力を鍛える』（大和書房）、『出口汪の「日本の名作」が面白いほどわかる』（講談社）、『奇跡の記憶術』（小社刊）など多数。

頭がよくなる！大人の論理力ドリル

2016年9月16日　初版発行

著　者　出口　汪
発行者　太田　宏
発行所　フォレスト出版株式会社
〒162-0824　東京都新宿区揚場町2-18　白宝ビル5F
電話　03-5229-5750（営業）
03-5229-5757（編集）
URL　http://www.forestpub.co.jp
印刷・製本　中央精版印刷株式会社

ISBN978-4-89451-968-8　Printed in Japan